NEGOCIAÇÃO
SUA PRÁTICA NA ADVOCACIA

FRANCISCO DA COSTA OLIVEIRA

Advogado
Mestre em Ciências Jurídico-Criminais
pela Faculdade de Direito da Universidade de Lisboa

NEGOCIAÇÃO
SUA PRÁTICA NA ADVOCACIA

NEGOCIAÇÃO
SUA PRÁTICA NA ADVOCACIA

AUTOR
FRANCISCO DA COSTA OLIVEIRA

EDITOR
EDIÇÕES ALMEDINA, SA
Avenida Fernão de Magalhães, n.º 584, 5.º Andar
3000-174 Coimbra
Tel.: 239 851 904
Fax: 239 851 901
www.almedina.net
editora@almedina.net

PRÉ-IMPRESSÃO • IMPRESSÃO • ACABAMENTO
G.C. – GRÁFICA DE COIMBRA, LDA.
Palheira – Assafarge
3001-453 Coimbra
producao@graficadecoimbra.pt

Janeiro, 2008

DEPÓSITO LEGAL
268505/07

Os dados e as opiniões inseridos na presente publicação
são da exclusiva responsabilidade do(s) seu(s) autor(es).

Toda a reprodução desta obra, por fotocópia ou outro qualquer processo,
sem prévia autorização escrita do Editor,
é ilícita e passível de procedimento judicial contra o infractor.

The difference between the science of law and the art of advocacy can be stated quite simply. So far as law is concerned, once its principles are known and understood, there is an end of the matter. To know the technique of advocacy, however, is only the starting point: it has to be handled and used in varied circumstances and according to one's own individual style.

MUNKMAN, JOHN

PREFÁCIO

O Autor contraiu o vício de inovar. Apesar da sua juventude, aparenta ser esse vício incurável. É de esperar que sim, que continue a lançar sementes no quási deserto dos terrenos desprovidos do arado das Colectâneas, da Doutrina, do saber estabelecido e apenas aqui e além beliscado pela sugestão de um novo pormenor.

Francisco da Costa Oliveira reafirma-se, pois, como um explorador, um descobridor, um arranhador de herméticos conceitos jurídicos, um violador de espaços interditos. Não fosse a sua tentação irreprimível de inovar, como se atreveria a tirar do nada "O Interrogatório das Testemunhas"? Ou um guia prático que intitulou "Defesa Criminal Activa"?

O Autor e eu conhecemo-nos há muitos e poucos anos: muitos para ele que poucos anos conta e poucos para mim que conto muitos. Daí que me chame "Mestre", por miopia etária que muito me desvanece.

Quando me honrou com o convite para prefaciar, coisa que nunca fiz, decidi então fazê-la à minha maneira, pois não padeço da doença da ortodoxia...

O Livro. Aprende-se como num manual mas lê-se como um romance.

O texto é enxuto, depurado do que teria de excessivo, e do fácil apoio do Direito Comparado, aqui tão inútil como a narração do percurso histórico dos institutos. Mas deles é dito o essencial, o "quantum satis" que escapa a tantos fazedores de Doutrina Jurídica.

Mestre Francisco Costa Oliveira sugere ao advogado que sobre o mero conhecimento dos princípios jurídicos faça prevalecer a imaginação e o instinto de concertação negocial, pois o que o Autor pretendeu (e conseguiu) foi analisar "*a prática da negociação jurídica*", na perspectiva do advogado, fazendo uma incursão no terreno onde co-existem e se demarcam o *negócio* e a *negociação*, aquele disciplinado na lei civil[1] e esta ignorada pelo direito positivo: o velho conceito do "nec otium" não ajuda muito...

Esta obra tem, portanto e desde logo, o mérito de substituir o vácuo normativo por uma elaboração técnica e sistemática que irá constituir uma referência não só para os advogados mas também, para os negociadores, árbitros, intermediários...

Resisti à tentação de enaltecer algumas *trouvailles* como a distinção entre negociação de contratos e "*negociação de litígios*" ou a sugestiva enunciação daquilo que cabe na "*estratégia*", na "*técnica*" e no "*estilo*" da negociação.

Cedo, porém, ao impulso de sugerir, especialmente aos Colegas Advogados, que leiam, saboreiem e aproveitem desses trechos, mesmo que apenas neles reconheçam parte do que já sabem ou tudo de que apenas suspeitam.

Em suma: quanto ao leitor, recomenda-se que aprecie o rigor desta iniciação e que tenha o livro à mão e o pratique.

Quanto ao Autor, que continue.

Lisboa, 5 de Novembro de 2007

HENRIQUE PANCADA FONSECA

Advogado

---

[1] Em sucessivos degraus: a concepção, o nascimento, a forma, as patologias, a duração, a vida, a morte e os efeitos do negócio jurídico, ao ritmo dos arts. 217.º e segts. do Código Civil.

1. JUSTIFICAÇÃO DO TEMA

A prática da negociação na advocacia é matéria cujo estudo se justifica com facilidade. Para além das questões que diariamente se colocam perante o advogado para obtenção do seu douto parecer – naquilo que podemos designar genericamente de consultoria jurídica, parte indissociável do que hoje em dia se chama de *advocacia preventiva* – não será exagero afirmar que a grande maioria das situações jurídicas que se apresentam perante um causídico são, *a priori*, passíveis de ser solucionadas mediante uma negociação bem sucedida. Advocacia preventiva, aliás, integra isso mesmo, ou seja a negociação enquanto caminho para a solução de um problema, obviando a chegada deste à barra do tribunal, sob forma de litígio.

Todos sabemos, também, que a sanação consensual de um potencial litígio poderá, naturalmente, favorecer os interesses de todas as partes envolvidas:

(1) quer pelo menor grau de conflitualidade pessoal e social;

(2) quer pelos benefícios de vária ordem que sempre representa uma solução rápida;

(3) quer ainda pela eliminação de um *certo grau de alietoriedade* na aplicação da Justiça por parte de um julgador (o risco da demanda).

Por isso se popularizou dizer-se que mais vale um mau acordo que uma boa demanda. Mas o que escapa por vezes ao olhar de um leigo é que uma solução negocial permite ainda, quando alcançável, resolver um problema ou um potencial conflito de modo mais ajustado ao contexto e ao interesse das partes (*taylor made solution*). De tal forma que, para a conjugação de vontades distintas, se justificam as necessárias concessões.

Para ilustrar este aspecto, bastará referir que, na mais banal situação de um crédito empresarial, alcançar um acordo de pagamento em prestações, do capital em dívida ou da sua maior parte, pode ser preferível a obter a condenação pelo tribunal do devedor no pagamento imediato da dívida acrescida de despesas e juros moratórios se, ao cabo das diligências judiciais, não vier a verificar-se o pagamento voluntário e não vierem a localizar-se bens passíveis de penhora.

De igual modo, numa situação prévia ao divórcio de um casal com descendentes, só uma solução consensual pode permitir, a um fôlego: levar a efeito a dissolução do matrimónio; estabelecer o regime de exercício do poder paternal; decidir o destino a dar à casa de morada de família; e definir todos os importantes aspectos patrimoniais, incluindo a partilha definitiva de bens, se for o caso.

A negociação é uma das mais relevantes actividades desenvolvidas pelo advogado na defesa dos interesses do seu constituinte. Deve ainda, por princípio, ser a qualidade de bom negociador uma das razões que levam o próprio cliente a entrar no seu escritório. Tanto mais que, com frequência, o cliente já explorou – e sem sucesso – algumas das possibilidades de chegar a um acordo com a parte oposta. De resto, nos dias de hoje, cada vez mais assistimos ao erigir da *advocacia dos negócios* e do designado *lobbying*, em que muitas vezes o causídico assume a função de patrono dos interesses dos grandes grupos económicos, das empresas industriais e instituições financeiras.

No entanto, nem o advogado é um simples agente comercial, nem tão pouco um mero persuasor de quem deva esperar-se apenas uma habilidosa condução de negociações. É, em vez disso, um profissional auxiliar da acção da Justiça, a quem são exigíveis rigorosos deveres deontológicos para com a comunidade, entre os quais a probidade. Nos dizeres de um *célèbre patron* «*A advocacia é um humanismo e uma magistratura cívica. Que exigem uma cultura e uma ética, um código de comportamento (...) integra uma ética: uma ética de convicção e uma ética de responsabilidade*»[1]. Daí que, do advogado não se possa esperar uma barganha, uma negociação baseada em ardis.

O primeiro papel do advogado junto do seu constituinte, deverá ser, em consequência:

a) o de escrutínio das convicções erróneas que o próprio constituinte possa ter acerca do assunto que lhe for submetido;

b) o de análise do enquadramento jurídico da situação;

c) e mesmo o da conformação das expectativas e/ou interesses do seu cliente com o da justa medida correspondente ao quadro normativo do sistema jurídico vigente, de onde resultam direitos e obrigações.

Acresce, ainda, o dever de aconselhar o seu constituinte sobre as vias de actuação ao dispor, seu significado e possíveis consequências práticas. Tudo isto, antes até de serem encetadas as negociações, propriamente ditas.

Por outro lado, são inúmeros os factores que podem condicionar uma negociação – factores de natureza objectiva, factores de natureza subjectiva – certamente indissociáveis de cada caso concreto, conforme iremos aprofundar adiante.

A experiência releva, todavia, que nem sempre é possível encontrar uma justa composição dos interesses em jogo mediante

---

[1] VEIGA, MIGUEL, *O Direito nas Curvas da Vida*, Conselho Distrital do Porto da Ordem dos Advogados, 2006.

a negociação. De onde, seria leviano exigir-se do advogado uma capacidade ilimitada para resolver toda a espécie de problemas por negociação e/ou acordo. Sem embargo, a falta de experiência e mesmo de frequência prática em negociações por parte de um advogado, podem, às vezes até por simples deficiência de estilo, fazer fracassar as boas perspectivas de alcance de um acordo com a contraparte.

Daí a importância evidente do tema escolhido para o nosso livro, a que corresponderá talvez igual grau de dificuldade em abordá-lo de modo sistematizado. Dificuldade óbvia porque, com efeito, desde: o intercâmbio de minutas de um clausulado tendo em vista a celebração de um contrato; à definição de uma compensação pecuniária por sinistro junto de entidade seguradora; à discussão dos termos de uma revogação de contrato de trabalho; à criação de alternativas ao accionamento da cláusula penal de um contrato; à obtenção de uma renúncia a um direito; à partilha de bens entre co-herdeiros; à redacção de um acordo parassocial; à transacção em processo judicial pendente; até outros tantos exemplos – todas são situações que constantemente implicam a negociação, ainda que sob prismas específicos. Note-se que em qualquer uma das situações elencadas, serão igualmente múltiplas as variações impostas ao tipo de negociação, em função da natureza e do objecto do contrato que se redija, por exemplo, ou em função da categoria do litígio que se considere, como também veremos adiante.

De resto, a natureza do assunto subjacente, as diferenças de contexto e as características dos intervenientes tornam-na numa actividade singularmente multifacetada e incómoda de dogmatizar. Pois a negociação é ainda uma parte importante nos mais variados sectores de actividade, quer no ramo industrial, no ramo agrícola, enquanto base da actividade comercial, ou epicentro na vida política, no relacionamento entre o patronato e as associações sindicais, na cena económica e diplomática internacional, descendo até ao caso individual da negociação da compra de um automóvel ou de um imóvel, de condições remuneratórias no emprego, de uma prestação de serviços numa assistência ao domicílio, até de um contrato de edição para a publicação de um livro como este.

A negociação é uma das mais constantes componentes da vida diária de qualquer pessoa, possuindo cada um as suas aptidões naturais ou adquiridas para a realizar.

Sem prejuízo, nesta nossa obra ensaiaremos uma abordagem da negociação *na advocacia*, por meio de uma análise e sistematização vocacionadas para os aspectos práticos, no sentido de reunir um conjunto de informações que a tornem útil ao leitor que queira familiarizar-se com o tema. Fá-lo-emos também numa tentativa de dar corpo escrito à discussão de tão fértil terreno, conforme se vem praticando, aliás, em outros países da União Europeia, onde a Negociação constitui já disciplina autónoma em cursos complementares de formação contínua para advogados.

Num dos casos em que interviemos como mandatário – um processo relativo a uma vultuosa empreitada de obra pública, executada em vários concelhos e com diferentes frentes de obra – verificou-se uma circunstância que cremos ser útil referir, por um motivo que vai muito para além do prolongamento assinalável que se registou no respectivo processo negocial. O diferendo estabeleceu-se já depois de finalizada a execução da empreitada, tendo emergido da reivindicação apresentada pela empreiteira-geral da obra (de nacionalidade estrangeira) no sentido de lhe serem pagos "trabalhos a mais" num valor equivalente ao do preço já pago pela própria empreitada. Esta discussão evoluiu desde a negociação directa *inter partes* até à negociação entre mandatários nacionais, para depois se prolongar para uma fase de tentativa prévia de conciliação (legalmente obrigatória) junto do Conselho Superior de Obras Públicas e Transportes, e evoluir ainda para um processo de Arbitragem extremamente complexo. Foi somente na fase final desta Arbitragem que veio a concluir-se o litígio por transacção, apenas poucos dias antes do início da Audiência de Julgamento. Isto, vários anos depois do fim da empreitada. Porém, em todo este penoso processo negocial, a parte contrária (que não tinha nacionalidade britânica) foi desde o início assessorada por advogados de um escritório londrino, reconhecidamente especializados em negociação. Cito este exemplo apenas para elucidar a importância crescente que tem vindo a ser reconhecida à negociação em si mesma, enquanto objecto de estudo individualizado, uma vez que tentar insistir na importância prática da negociação na advocacia seria já como apontar uma lanterna ao Sol.

Neste nosso trabalho não se fará uma análise jurídica do tema da negociação, mas sim uma análise da prática da negociação jurídica, como a que se espera do profissional da advocacia. Sem o intuito de sermos exaustivos, certamente, pois que o assunto jamais se esgotaria.

Começaremos por partir da noção de negócio jurídico para certos conceitos essenciais e o léxico próprio da negociação, os quais, estamos convictos, serão um valioso auxílio para a familiarização com o contexto psicológico e estratégico do tabuleiro das negociações, tais como *posição negocial*, *margem negocial*, *pressão negocial*, entre tantos outros conceitos.

Faremos depois uma breve incursão pelas remissões legais para a negociação contidas no Direito Civil Substantivo, a fim de situarmos minimamente as noções de preliminares à formação de um acordo completo de vontades (contrato) e de declaração negocial *stricto sensu*.

Apresentaremos de seguida os diferentes tipos de negociação, de acordo com as classificações que se obtêm mediante o uso de variados critérios de classificação – sendo a mais banalizada das quais a distinção já corrente nos meios económicos, que separa a *negociação distributiva* (onde as partes discutem a divisão entre si de um determinado valor, em prejuízo uma da outra) da *negociação integrativa* (onde as partes cooperam entre si no sentido de obterem o máximo benefício, adaptando os respectivos interesses) – para passarmos a concentrar-nos em dois tipos apenas, cruciais à prática na advocacia: a negociação contratual e a negociação de litígios.

Depois, porque já vocacionadas para estes últimos dois tipos de negociação, iremos concentrar-nos em aduzir conceitos e sugestões de estratégia, técnica e estilo negociais, muitas vezes determinantes do sucesso final da actividade a desenvolver.

Mais adiante incidiremos então sobre *o passo a passo* da condução de uma negociação jurídica, segmentando os tempos da análise da situação inicial, da preparação e do planeamento da negociação, das comunicações, a fase das concessões e adaptação às exigências da parte contrária, até à formalização de um acordo, mantendo sempre presente a fluidez e a maleabilidade inerentes a cada caso específico.

Deixaremos ao longo do nosso texto algumas recomendações em diferentes matérias individualizadas que assumem particular significado na negociação, tais como o contexto negocial, a formulação da argumentação, as dificuldades próprias e forma de as ultrapassar, o intercâmbio de informação, as regras de conduta subjacentes, etc.

Optámos, finalmente, por apresentar o relato de alguns casos práticos apenas na conclusão do nosso trabalho, por entendermos ser essa a melhor sede para tal efeito, atendendo à possível dispersão da atenção do leitor se o fizéssemos de outro modo. Ou seja, ao invés de ilustrarmos dadas matérias com a referência daqueles casos, deixá-los-emos em conjunto, oferecidos à livre reflexão do leitor.

Adquirir melhores capacidades de negociação constitui um desafio permanente à competência de um bom advogado, auxiliando-o no sentido de se afastar de situações de *binómio vencer/ /perder* e, em seu lugar, encontrar soluções criativas e negociais. É todavia um campo de aperfeiçoamento contínuo, onde a experiência e a ponderação serão as ferramentas fundamentais. Daí o estarmos certos de que todos os contributos sérios realizados com tal intuito terão algo de enriquecedor.

2. NOÇÕES ESSENCIAIS E LÉXICO DA NEGOCIAÇÃO

A negociação é um conceito polissémico, sendo ainda muita vasta a sua semântica. Podemos começar por dizer que a negociação coincide invariavelmente com a *fase prévia* à celebração de um negócio, correspondendo ao conjunto de actuações relativas à formação de um contrato, quer este se venha a submeter a forma específica quer não. Negociação será, assim e então, o fenómeno onde assentam os pressupostos da existência de um contrato, onde se discutem as suas razões, ou seja, o fenómeno onde se sedimentou a geração do próprio acordo de vontades e o fenómeno que o explica. Isto, não obstante a evolução do comércio jurídico moderno ter trazido uma série de novos tipos de negócio jurídico em cuja formação se torna difícil identificar a fase da negociação – como no âmbito dos contratos celebrados à distância, do comércio por via electrónica, dos comportamentos contratuais de facto e da celebração de contratos em massa, sem a presença nem o contacto pessoal com uma das partes.

O acordo contratual nunca é puramente casual ou espontâneo, pois não se erige pela mera vontade contratual. Surge pela negociação – por mínima e difusa que possa ser – e forma-se em consequência de tal processo preliminar. De onde resulta ser a negociação uma realidade que se prende com a etiologia do próprio acordo, o que lhe confere uma plenitude imensa no comércio jurídico e uma relevância em conformidade. Por isso mesmo não será de estranhar que uma realidade tão multifacetada implique também uma linguagem algo específica, não obstante vulgarizada.

Para a compreensão do significado do termo negociação, parece-nos útil recorrer previamente à figura do *negócio jurídico*, uma vez que aquilo que as partes pretendem alcançar com uma negociação é, quase sempre, a concretização de um acordo de vontades *que configure um negócio jurídico*. O que é o negócio jurídico?

No domínio da Ciência Jurídica, distingue a doutrina civilista[2] entre o acto jurídico e o negócio jurídico. O *acto jurídico* corresponde à mera acção humana que, uma vez praticada, produz efeitos jurídicos (por exemplo: qualquer uma das actuações que corresponda a um comportamento previsto e punido pela lei penal; ou mesmo a geração de um filho, que importa imediatos efeitos jurídicos por força da lei). O *negócio jurídico*, por outro lado, pressupõe já um comportamento humano realizado com a finalidade de alcançar a produção de determinados efeitos jurídicos desejados (*maxime*: a celebração de um contrato escrito). Pode o negócio jurídico ser meramente unilateral (como a promessa de atribuição de um prémio) ou, pelo contrário, ser bilateral ou multilateral, implicando um completo acordo de vontades entre diferentes pessoas (jurídicas).

Retenhamos, por ora, a noção de negócio jurídico, apenas para sublinhar que é por via do mesmo que duas (ou mais) partes podem – dentro dos limites da lei, obviamente – autovincular-se à produção de determinados efeitos por si desejados. Por outras palavras e simplificando, o negócio jurídico é o meio pelo qual duas partes elegem os efeitos jurídicos que desejam se produzam, por meio de um acordo estabelecido nos termos da lei vigente, como no caso paradigmático da celebração de um contrato válido e eficaz.

Se a noção de negócio jurídico corresponde a um conceito definido na lei civil, pelo contrário a *negociação* não tem uma definição

---

[2] Optámos pela omissão dos aspectos jurídicos da negociação e do negócio jurídico noutros ramos do Direito, como o Direito Colectivo do Trabalho ou o Direito Administrativo, onde, não obstante, se consagram normas jurídicas imperativas acerca da negociação e da formação de contratos, a considerar nos casos abrangidos.

Noções essenciais e léxico da negociação 19

legal expressa[3], nem carece de o ter, como adiante veremos a pro-pósito da negociação enquanto objecto do Direito Civil Substantivo. Aliás, a noção de negociação ultrapassa de forma muito vasta aquilo que seja o universo do próprio Direito instituído, como aliás já deixamos subentendido no nosso primeiro capítulo.

Pelo significado do seu uso corrente, a negociação pode corresponder a:

- uma *mera averiguação* recíproca orientada quanto às possibilidades de estabelecimento de um acordo;

- ou um *processo de aproximação tendencialmente gradual* de duas ou mais posições inicialmente díspares ou desconhecidas, no sentido de se alcançar um acordo uniforme de vontades, por via do qual se produzam efeitos jurídicos.

Quer para o estabelecimento de uma relação jurídica contratual, quer para solucionar um diferendo, quer com qualquer finalidade diversa, à negociação subjaz sempre, porém:

- um fenómeno de comunicação que pressupõe a existência de pelo menos dois sujeitos com interesses inicialmente divergentes ou reciprocamente desconhecidos.

Para formação de diferentes tipos de acordos de vontades corresponderão, assim sendo, diferentes tipos de negociação, conforme melhor veremos adiante. E, além disso, identificam-se nela vertentes psicológicas, comunicacionais, económicas e, entre tantas outras, também as jurídicas. Na advocacia, designadamente, a negociação

---

[3] Existem situações pontuais em que a lei impõe normas procedimentais imperativas para a formação do negócio jurídico (v.g. certos tipos de contratos administrativos), prevendo nesse caso um regime excepcional de cujo cumprimento depende a própria validade das declarações negociais. Todavia, nem mesmo nesses casos existe uma definição legal do conceito de negociação.

envolve, de modo evidente e muito singular, o quadro jurídico. Isto é, o advogado terá naturalmente de levar em conta o sistema normativo vigente dentro do qual, e por apelo ao qual, se poderá vir a estabelecer a conjugação de vontades a que se chamará *acordo*, juridicamente válido e juridicamente eficaz. Serão, por isso, sempre considerados numa negociação os contornos dos direitos individuais em jogo, os limites da capacidade e da legitimidade jurídicas, a caracterização dos deveres e dos efeitos jurídicos que a lei reconhece e que possam depender da vontade das partes, entre muitos outros aspectos.

Neste sentido, o primeiro dever de um advogado face ao seu constituinte será o de lhe prestar a informação de âmbito jurídico, necessária e adequada a conformar as suas pretensões com as possibilidades da lei vigente. Este procedimento de análise e conselho jurídicos faz parte indissociável da própria negociação na advocacia, pois é um pressuposto constante em toda a relação estabelecida entre o cliente e o advogado, durante uma negociação. Pode o advogado, mediante a sua intervenção inicial, diminuir as expectativas da sua parte representada, ou modificá-las apresentando-lhe alternativas, ou mesmo fazer expandir tais expectativas elucidando-a acerca dos limites legais em presença.

No entanto, a prestação do advogado numa negociação mostra a sua pertinência muito para além deste enquadramento legal, quer oferecendo conselho habilitado ao longo de todo o processo negocial, quer mesmo pela sua intervenção como representante do seu constituinte enquanto parte negocial. Familiarizado com a lógica negocial, com os cenários e os comportamentos expectáveis na mesa de negociações, incumbe ao advogado defender os interesses do seu representado, desempenhando a função de interlocutor. Assim sendo, sabedor dos tempos próprios a respeitar – para reagir, para esperar ou para fazer concessões ou exigências – e habilitado com o conhecimento e a argumentação jurídicos, será o advogado quem deverá estar em posição privilegiada para melhorar a posição negocial do seu representado, analisar a razoabilidade das propostas oferecidas pela contraparte e adoptar a conduta e/ou atitudes mais conformes com a obtenção de benefícios.

Noções essenciais e léxico da negociação 21

Apresentemos algumas ideias comuns à negociação na advocacia, enquanto objecto de estudo em si mesma, propondo o seguinte léxico composto por breves definições.

Objecto negocial

Corresponde ao âmbito das matérias sobre as quais as partes envolvidas pretendam vir a estabelecer acordo. Tal campo é definido pelas partes, de acordo com a sua vontade, situando-se todavia nos limites impostos por factores exógenos. Estes factores exógenos são extremamente mutáveis, consoante as características do caso, pois tanto podem ser: as normas imperativas da lei (por exemplo, relativamente aos contratos tipificados na lei); o próprio objecto de um litígio judicial (na eventualidade de se negociar uma transacção judicial); condicionantes derivadas dos limites da capacidade jurídica, legitimidade ou direitos subjectivos das partes; etc. O perímetro do objecto negocial pode também evoluir durante as negociações, quer aumentando (por inclusão de variáveis, de problemas, ou novas alternativas), quer diminuindo (por exclusão progressiva de opções inicialmente existentes, por formalização de acordos parciais). No terreno negocial surgem aspectos sobre os quais se vai estabelecendo consenso, por contraposição àqueles em que subsiste a necessidade de discussão. Todavia, até à formalização de acordos parciais ou mesmo do acordo final que possa concluir a negociação, todos tais aspectos devem ainda considerar-se integrados no *objecto negocial*. Feita esta ressalva, diremos ainda que, ao nível do objecto, no processo negocial existem semelhanças com o que ocorre num processo judicial civil. Com efeito, partindo de um dado objecto processual definido pelas partes (*thema decidendum*), o processo judicial evolui para a fase de julgamento, onde o objecto da prova passa a corresponder apenas aos factos controvertidos e previamente seleccionados pelo tribunal (*thema probandum*). De igual modo, num processo negocial evoluiu-se tendencialmente de um objecto mais lato e complexo, definido pelas partes negociais, para outro mais restrito que se resume aos assuntos e aspectos em que vá subsistindo dissensão.

Parte negocial

Corresponde ao sujeito ou sujeitos que se relacionam em um único bloco com a(s) restante(s) parte(s) negocial(ais) e defende(m) de modo uniforme um conjunto idêntico de interesses durante o processo negocial. Parte e contraparte(s) são os intervenientes negociais que, em campos distintos (ou mesmo opostos), se interpelam ou cooperam no sentido de encontrar um acordo recíproco. Uma vez que uma *parte negocial* pode ser constituída por um conjunto de sujeitos (como no caso vulgar de um casal que pretende vender um bem imóvel, ou nos casos mais complexos dos co-herdeiros e dos comproprietários), pode até existir naturalmente alguma divergência de interesses entre si; porém surgem aos olhos da(s) respectiva(s) contraparte(s) como um conjunto uniforme, face ao qual se negoceia. A noção de parte negocial pode atingir alguma complexidade quando, no caso concreto, no seio dela se estabeleçam dissonâncias que possam vir a afectar o curso das negociações. No caso da negociação da responsabilidade civil emergente de acidente de viação, para citar um exemplo, a seguradora e o respectivo segurado podem inicialmente constituir uma só parte negocial em face de outras contrapartes, mas a dado passo passarem a divergir entre si, por questões relativas ao âmbito da cobertura do seguro, à franquia, etc. É fácil estabelecer-se alguma confusão na definição das partes negociais em negociações tripartidas, quadripartidas ou ainda com mais partes, sobretudo se alguma destas integrar mais de um sujeito. Aquilo que se designa de comparte, por outro lado, geralmente corresponde a uma parte negocial distinta mas de interesses maioritariamente coincidentes. O modo mais fácil de se atribuir a qualidade de parte negocial é equipará-la ao sujeito que será necessariamente parte contratante num contrato. Mas, até aí, o uso do plural quando se designa apenas uma parte outorgante (como se vê na prática notarial) pode contrariar a nossa definição, feita com vocação meramente prática. Cada parte negocial pode ainda, por sua vez, optar por negociar directamente – por si própria ou designando um dos seus sujeitos como respectivo porta-voz – ou optar por constituir um terceiro como mandatário para as negociações, como no caso do patrocínio desempenhado pelo advogado. A relação jurídica estabelecida entre mandante e mandatário nesta última possibilidade cai já no âmbito de aplicação das regras jurídicas próprias do instituto da representação.

Posição e poder negociais

Distinta da noção de parte é a de posição negocial, que corresponde a um conceito valorativo em função da ideia de equilíbrio negocial. Existe equilíbrio negocial quando as partes detenham posições negociais equivalentes, isto é, quando se possa considerar que existe uma equiparação relativa de poderes negociais. O poder negocial traduz-se na faculdade real de impor condições. Daí que a parte dominante (ou privilegiada) seja aquela que detenha, no caso concreto, o maior poder negocial. A ideia de "peso negocial" pode ajudar a transmitir o significado de posição negocial. Uma parte que detenha uma melhor posição negocial será, por exemplo e em situações correntes, o grande hipermercado perante um pequeno produtor, ou a entidade bancária perante o depositante individual. Mas tudo poderá ser ao invés se tal pequeno produtor tiver um produto específico muito procurado por outras cadeias de distribuição/venda a retalho ou o cliente bancário for cobiçado pela concorrência em função do volume do capital a depositar. Daí que a posição negocial seja também extremamente variável em função do contexto, podendo por vezes usar-se o critério do maior benefício com a obtenção de um acordo para apontar a parte que tem a posição negocial mais fraca. De resto, a noção evolui com o próprio decurso das negociações. Num litígio, para analisarmos o assunto de outro prisma, em fase pré-judicial pode existir equilíbrio de posições negociais perante a incerteza de qual será o sentido da decisão final da causa por parte de um tribunal. Todavia, ultrapassada a fase dos articulados e realizadas as sessões de audiência de julgamento em que foi produzida a prova, a parte que vê o processo desenrolar-se favoravelmente terá adquirido já melhor posição negocial. No jogo de forças emanente à negociação, cada parte procura constantemente *ganhar posição negocial*, no sentido de passar a ter mais poder de impor a sua vontade. Pois que uma débil posição negocial favorecerá a ocorrência de concessões sem contrapartidas.

Proposta negocial

No léxico corrente, corresponderá a uma declaração dirigida a um destinatário, por meio da qual seja manifestada a vontade de submeter à sua ponderação um assunto, visando naturalmente alcançar qualquer espécie de acordo por meio de uma solução concreta. Pelo contrário – como melhor veremos no capítulo seguinte a propósito do conceito técnico-jurídico de declaração negocial – para que uma declaração dirigida a um destinatário assuma a natureza de uma proposta, a lei civil substantiva exige que a declaração: (1) contenha todas as estipulações necessárias à conclusão do contrato (ser completa); (2) traduza uma vontade precisa e incondicional (ser inequívoca); (3) e se revista da forma legalmente requerida para o negócio jurídico a celebrar (forma legal). Este conceito legal de proposta ultrapassa, portanto, o que no mundo dos negócios se entende por *proposta negocial*, como começámos por apresentar, porque o conceito legal de proposta, pressupõe a verificação dos mencionados requisitos e reconhece-lhe uma imediata eficácia jurídica, nomeadamente efeitos vinculativos capazes de produzir a existência de um contrato mediante a sua mera aceitação – o que não é sempre o intuito das propostas negociais usadas entre os particulares ou mesmo as empresas. Temos, então, desde logo, dois sentidos possíveis para a expressão proposta negocial: o primeiro, de uso corrente, que corresponde à declaração no sentido de se estabelecer a discussão de um assunto, visando o acordo mediante uma dada solução; o segundo, mais restrito e de natureza técnico-jurídica, que poderemos apelidar de proposta contratual, *stricto sensu*. Uma proposta negocial traduzirá sempre, todavia, um convite para a conclusão de um acordo.

Expectativa negocial

Corresponde ao crédito legítimo que adquire uma das partes quanto à possibilidade real de chegar a um acordo com a(s) sua(s) contraparte(s). As expectativas negociais vão-se gerando e/ou reforçando ao longo do processo negocial, também de acordo com os costumes e as regras de experiência prática do comércio jurídico. Pode dizer-se que existem (legítimas) expectativas negociais quando se tem uma segurança razoável de que um acordo é, mais do que alcançável, já provável, e essa segurança seja fundada em comportamentos objectivos e inequívocos da contraparte. A manutenção da vontade recíproca em prosseguir a negociação no sentido de se alcançar o acordo final, ao cabo de morosos e trabalhosos actos negociais – que muitas vezes envolveram não apenas o tempo, mas também o estudo de minuciosos assuntos, o investimento de tempo produtivo e até deslocações sucessivas de parte a parte – cria entre as partes negociais uma espécie de cumplicidade, dando azo a que qualquer uma destas se venha a sentir defraudada e prejudicada caso ocorra a quebra de tal elo sem uma justificação válida. O que, apesar de tudo, é sempre um risco que impende sobre quem negoceia, pois só existirá a certeza da realização de um acordo no momento da sua conclusão (e formalização). De resto, quando, por mero exemplo, na negociação de uma compra e venda, já se chegou a consenso sobre o valor da transação, o bem a ser comprado e vendido, o modo do pagamento do preço, o local e o prazo de entrega, a garantia e outras condições essenciais à concretização do negócio, é certo que nesta situação poderá em abstracto dizer-se que existem expectativas negociais. A importância do conceito vai para além da ética comercial e da ética negocial, uma vez que determinadas expectativas beneficiam de têm tutela legal, e determinadas formas de violação de legítimas expectativas comerciais podem dar origem à obrigação de indemnizar, nomeadamente por *culpa in contrahendo*, como veremos adiante.

Processo e lógica negociais / exigências e concessões

Processo negocial corresponde à designação corrente dada a todo o curso evolutivo da negociação, enquanto esta se traduza numa sequência encadeada de comunicações entre as partes (visando o estabelecimento de um acordo): quer até ao momento da conclusão de um acordo; quer até ao encerramento definitivo de tais comunicações, por qualquer espécie de razão. A noção torna-se útil no sentido de enquadrar toda a espécie de eventos que se dirigem para o mesmo fim, dando-lhes um sentido uniforme, dentro de um contexto muito mais lato que é o do mero relacionamento entre as partes. Ou seja, muitos factos podem ocorrer entre as partes e muitos aspectos podem levá-las a interagir; porém, dentro deste universo o processo negocial há de identificar-se pela finalidade de determinadas comunicações, precisamente quando estas se dirijam ao estabelecimento de um consenso determinado. Não escasseiam exemplos em que, desde o entabulamento inicial de uma negociação até à

Noções essenciais e léxico da negociação 27

conclusão de um acordo, se disputou um litígio judicial de permeio, ou mediou uma disputa mais acesa que comprometeu, aparentemente de forma irremediável, as hipótese de entendimento final, ou outros tantos fenómenos de interferência provocados por quaisquer circunstâncias, e até interregnos temporais sem justificação aparente. Retomar um processo negocial, por exemplo, será como voltar à execução de um projecto que ficou interrompida, o que geralmente implica o relembrar das últimas posições assumidas pelas partes enquanto houve negociação. Da mesma noção sobressai ainda a ideia da natureza evolutiva que deve ser subjacente à troca de comunicações negociais, num processo de diálogo construtivo, já que se procura atingir um objectivo de forma gradual e por aproximações progressivas. Feito este enquadramento, deverá todavia deixar-se uma ressalva quanto ao sentido da evolução de um processo negocial, já que muitas vezes o seu curso está longe de ser linear. Isto porque ao longo de tal processo muitas vezes há avanços e recuos, impasses, progressos e retrocessos no sentido da obtenção de um acordo, e também pontos de viragem, pelos quais o conjunto pode inflectir para novos rumos. No diálogo construtivo a que fizemos referência, o curso dos acontecimentos dá-se em função da variação da satisfação de determinadas *exigências* e da adopção de *concessões* recíprocas, sendo estas duas noções práticas fundamentais dentro da *lógica negocial*. De facto, o interveniente negocial espera a verificação de certos padrões comportamentais próprios de um processo negocial. Como por exemplo ver prosseguidas as exigências da outra parte e não substituídas por outras exigências em cada novo contacto ou, de outro prisma, esperará obter algumas concessões pela sua contraparte, à medida em que se assiste a uma aproximação, nomeadamente por meio de concessões por si admitidas. Exigências serão as pretensões concretas de uma das partes e concessões as cedências em função dos interesses da contraparte, as quais se vão contrapondo e conjugando no sentido do equilíbrio final de um acordo. De onde resultam também as noções de razoabilidade, credibilidade e lealdade negociais que proporemos em seguida.

Razoabilidade, credibilidade e lealdade negociais

Fazendo mais uma vez apelo ao que considerámos como a lógica própria das negociações, onde a evolução de traduz por recíprocas exigências e concessões entre as partes, parece-nos útil distinguir entre estes três importantes conceitos. A razoabilidade negocial equivale ao quadro racional dentro do qual esperam os intervenientes que venha a decorrer o seu diálogo, isto, por oposição a um quadro emocional que poderia criar um caos negocial. Isto, precisamente porque a negociação encerra uma dialéctica, uma discussão de argumentos. Ilustrando: para a definição de um valor, no âmbito de uma negociação, raramente se discutem apenas os números totais, sendo, pelo contrário, relevante de parte a parte que a discussão se estabeleça no domínio da fundamentação de cada valor parcial, por referência a razões entendíveis. Impõe a razoabilidade negocial que a discussão de pontos de vista, as propostas recíprocas e as exigências e concessões se estabeleçam em função de motivos objectivos, ou seja na base de uma argumentação e da troca de informação relevantes em cada caso concreto. Conferir razoabilidade a uma proposta será, além disso mas por essa via, dar-lhe uma conformação de equilíbrio, ou mesmo de equidade se quisermos, no caso concreto. Daí que sustentar uma proposta negocial ou fundamentá-la em razões é torná-la razoável, e posteriormente aceitável sendo certo que exigências injustificadas podem facilmente tornar-se inaceitáveis ou mesmo comprometer uma negociação. É por via da razoabilidade negocial que a argumentação poderá constituir uma ferramenta de persuasão entre as partes. Por outro lado, a credibilidade negocial – que corresponde genericamente à idoneidade aparente de uma das partes perante a outra – é um atributo que também se constrói ou reforça pela prática da razoabilidade durante o processo negocial. Geralmente não se negoceia com quem não apresente o menor indício de ser um agente idóneo no comércio jurídico, pois poderá ser tempo perdido fazê-lo. Uma parte credível será aquela de quem se espera um comportamento coerente e garantias prévias de respeito pelos compromissos que vierem a ser assumidos. A negociação tem pois uma ética própria, que impõe não se voltar atrás injustificadamente, que justifica a sedimentação da confiança entre os intervenientes, e que facilita uma certa previsibilidade quanto ao que se considere uma actuação séria. A lealdade negocial, por outro lado, pertence também àquela ética do comércio jurídico, mas já apelando à existência de deveres específicos quer de informação (fidedigna, completa), quer de confidencialidade, quer de uma actuação pautada pela boa-fé onde os referidos deveres se enquadram (como veremos adiante a propósito do Direito Civil Substantivo relativo à formação dos contratos). Impõe a lealdade negocial, por exemplo, não negociar em simultâneo com duas (ou mais) partes distintas criando nelas a aparência de o estar a fazer em exclusividade, assim como respeitar a posição de eventuais intermediários, ou também não interromper o processo negocial sem uma justificação legítima, ou ainda não fazer depender a negociação de condições impróprias. Assim, a razoabilidade, a credibilidade dos intervenientes, e lealdade recíproca serão pressupostos fundamentais de um bom ambiente negocial, os quais, conjugados com outros factores naturalmente, são responsáveis pela funcionalidade do respectivo processo.

Postura negocial

Esta noção, de uso corrente, tem sobretudo um valor ilustrativo, sendo francamente ingrato tentar conceptualizá-la por meio de uma definição. Corresponderá à caracterização subjectiva de uma parte, traduzida na imagem que de si projecta quanto à sua atitude e quanto à sua disposição, relativamente ao modo específico como a mesma actua no decurso do processo negociação. É, obviamente, um conceito muito fluído e nem sempre simples de situar no caso concreto, já que, com frequência, não chega a existir o necessário convívio entre as partes de uma negociação que possibilite fazer um retrato psicológico ou comportamental minimamente fiável. No entanto, identificar o perfil de uma parte, pela sua postura negocial, auxilia por vezes a contraparte a melhor conformar as propostas que lhe serão dirigidas. Por exemplo, perante uma contraparte de perfil previsivelmente inflexível pode ser aconselhável abdicar de fazer certas exigências acessórias e/ou dar à proposta inicial contornos mais próximos dos definitivos, para obviar a um impasse incapacitante *ab initio*. Uma postura submissa ou demasiadamente empenhada, podem, por outro lado, ser objecto de aproveitamento pela contraparte para criar um cenário negocial de onde seja mais difícil a obtenção de uma acordo satisfatório. A postura negocial pode variar em função de inúmeros factores, como o grau de experiência de uma das partes colocada no ambiente negocial, como a mera modalidade e o conteúdo das comunicações, como o grau de cooperação ou de disputa incutidos no processo negocial, ou ainda a dosagem da informação transmitida, etc. Daí que a leitura de sinais subjectivos seja certamente falível, mas apenas até certo ponto, pois aos olhos de um negociador experiente bastam por vezes algumas atitudes para se identificar uma determinada postura típica, como as adoptadas por empresas do mesmo ramo ou as adoptadas por sujeitos titulares de direitos da mesma natureza, nomeadamente.

Pressão negocial

Corresponde a uma influência produzida no processo negocial, no sentido de criar uma tensão à qual se sujeitam as partes. A pressão negocial é pois como que um aperto que causa um desconforto em uma ou em todas as partes negociais, condicionando o curso natural ou expontâneo de uma negociação. Pode criar-se pressão negocial colocando a contraparte em competição com um terceiro (efectivo ou hipotético), fixando prazos para uma resposta ou mesmo para a conclusão do acordo final (dentro da razoabilidade), ou impondo uma *conditio sine qua non* de qualquer natureza (igualmente dentro da razoabilidade) que corresponda a uma limitação imposta à liberdade genérica de negociar. Mas pode ainda constituir um factor de pressão negocial a existência de circunstâncias potencialmente alheias à vontade das partes, como por exemplo as consequências negativas para uma das partes no caso de não se chegar a um acordo, ou os tempos próprios de um litígio judicial que escapa ao controlo dos interessados. A presença de elementos de pressão na negociação, caso não possam ser ignorados sem consequências para as partes, condicionará tendencialmente uma das partes a fazer uma concessão, ou a abdicar de certas exigências, ou forçando-a a reagir e tomar posições mais rapidamente. Dependendo da natureza da pressão, os seus efeitos podem sentir-se sobre o ritmo negocial e os seus *timmings*, sobre a capacidade de reflexão, ou sobre as margens negociais de cada uma das partes. Naturalmente, a parte dominante (ou aquela que tem melhor posição negocial) é menos sensível a tais elementos de pressão. Porém pode ser precisamente uma legítima manobra de pressão a que melhor repõe equilíbrio negocial

Margem negocial

No tabuleiro das negociações, as partes partem para estas dos pontos de partida que hajam estabelecido no seu respectivo seio. Um detentor de uma marca com projecção mundial, por exemplo, pretenderá inicialmente que um agente a quem se poderá vir a outorgar uma representação em país estrangeiro corresponda a certos requisitos e aceite determinadas condições comerciais. Do outro lado, o empresário candidato a tal representação, pretenderá inicialmente que lhe sejam, e/ou terá a expectativa de lhe serem, oferecidas determinadas condições comerciais. Porém, cada uma das partes que vai encetar negociação no sentido de tentar obter os maiores benefícios, saberá concretamente (ou deverá sabê-lo) até onde pode chegar por forma a manter ainda uma determinada *margem de lucro*, ou seja, qual será o limite a partir do qual deixará de ter interesse em chegar a um acordo. Ora bem, o campo gradativo que vai entre as pretensões iniciais apresentadas por uma das partes e o limite de tais pretensões a partir do qual a mesma parte deixará de ter interesse em chegar a um acordo será a sua *margem negocial*. Por outras palavras, a margem negocial é o espaço das concessões possíveis, dentro das condicionantes do negócio a realizar e em face dos objectivos que correspondam ao mínimo de proveito aceitável para uma das partes, por apelo à noção comercial de margem de lucro. Trata-se obviamente de uma abstracção de finalidade ilustrativa, até porque nem sempre as partes têm bem exactamente definidos desde o início todos os possíveis contornos das suas pretensões. No entanto, uma vez apresentadas as pretensões iniciais de parte a parte, cada uma destas certamente medirá até onde poderá vir a fazer concessões, ou seja, terá definido a sua margem negocial, que obviamente pode variar durante o curso da negociação, por vezes até pela compensação mediante novas contrapartidas. Quanto maior for a margem negocial de uma das partes, estabelecida no início da negociação e quanto mais for mantida tal margem negocial durante a troca de propostas, maior será a sua capacidade de transigir e mais concessões poderá vir a fazer, ainda dentro de um quadro favorável às suas reais pretensões[4]. Daí a tentação permanente de inicialmente se exigir mais (em vez de menos), para assim obter maior potencialidade de benefício e maior margem negocial.

---

[4] *Vide* as considerações *infra* acerca da noção de dupla margem negocial.

3. A NEGOCIAÇÃO ENQUANTO OBJECTO DO DIREITO CIVIL SUBSTANTIVO (REMISSÃO)

É sobretudo na lei civil que o ordenamento nacional confere relevância jurídica à negociação. Em termos estritamente normativos, o centro vital das disposições legais sobre as quais se pode dizer ter sido consagrado um *regime jurídico da negociação* identifica-se, desde logo, com a sede legal das regras atinentes às declarações negociais, por sua vez inseridas sistematicamente no domínio da formação do negócio jurídico propriamente dito. Isto é, será no conjunto de regras estabelecidas no Código Civil para a *declaração negocial*[5] que, a par do regime geral da formação do negócio jurídico, se encontram as principais disposições legais relativas à negociação, no sentido em que temos empregue o termo até aqui. Tal sucede naturalmente, uma vez que a negociação há de situar-se a montante do negócio jurídico bilateral (e/ou do plurilateral).

É, por exemplo, nessa sede que nos deparamos com as mais importantes condicionantes jurídicas da negociação na lei civil portuguesa, a saber e entre outras:

a) as modalidades das declarações e o valor legal do silêncio[6];

---

[5] *Vide* a Secção I (Declaração Negocial), do Capítulo I (Negócio Jurídico), do Subtítulo III (Factos Jurídicos), do Título II (Relações Jurídicas), do Livro I (Parte Geral) do Código Civil Português.

[6] *Vide* os arts. 217.º e 218.º do Código Civil.

b) as regras acerca da forma, da validade e da eficácia da declaração negocial[7];

c) a noção e regime da *proposta contratual*, da *revogação da proposta*, da *rejeição*, da *contraproposta*, da *aceitação* e da *revogação da aceitação*[8];

d) as regras de interpretação e de integração das declarações negociais[9];

e) os pressupostos e os limites da representação[10];

f) *maxime*, o dever de proceder na negociação segundo as regras da boa-fé, e a respectiva responsabilidade civil por actuação culposa (*culpa in contrahendo*)[11].

Também a tutela jurídica da negociação em si – encarada como um bem a preservar à sombra da liberdade contratual – tem reflexo ainda em diversa legislação avulsa, nomeadamente no domínio das leis de defesa do consumidor e da própria Lei das Cláusulas Contratuais Gerais. Com efeito, posta muitas vezes em causa, nas sociedades actuais em que determinados agentes económicos condicionam a ocorrência de uma negociação livre e genuína, prévia à celebração dos contratos[12], viu-se o legislador na contingência de proteger a parte à qual são apresentados contratos de mera adesão, obrigando a parte dominante (normalmente proponente), entre outras obrigações, ao cumprimento de deveres mínimos de comunicação, informação e lealdade e outras vezes mesmo submetendo a consolidação do contrato a período de reflexão posterior à sua celebração.

---

[7] *Vide* os arts. 219.º a 235.º do Código Civil.

[8] *Vide* os arts. 228.º a 235.º do Código Civil.

[9] *Vide* os arts. 236.º a 239.º do Código Civil.

[10] *Vide* os arts. 258.º a 269.º do Código Civil.

[11] *Vide* o art. 227.º do Código Civil.

[12] Exemplo disso são os contratos de depósito nas instituições bancárias e, muitas vezes, os contratos de seguro.

A negociação enquanto objecto do Direito Civil Substantivo (remissão)   35

De onde, o relevo da negociação na legislação não se limitar ao regime consagrado no Código Civil.

Porém, o alcance jurídico da negociação na Teoria Geral do Direito e no Direito das Obrigações ultrapassa ainda o âmbito da lei escrita, quer, por exemplo, no horizonte das relações contratuais de facto, quer, nomeadamente, no recurso efectivo à vontade real das partes (manifestada durante a formação do contrato) para efeitos de interpretação e integração de lacunas do negócio jurídico já formado[13].

O legislador distingue claramente os preliminares do contrato da formação deste último no art. 227.° do Código Civil, sendo, a nosso ver, aceitável defender que esta mesma disposição compreende uma verdadeira distinção entre:

a) os preliminares simples do contrato – equivalendo esta categoria a *todos* contactos de finalidade negocial que não produzam efeitos jurídicos (para além da mera responsabilidade por eventual *culpa in contrahendo*) e que por isso não assumem a natureza de declarações negociais;

b) os preliminares do contrato que correspondem já à formação do mesmo – equivalendo esta categoria às comunicações trocadas entre as partes que produzem efeitos jurídicos (para além da mera responsabilidade por eventual *culpa in contrahendo*), ou seja, às *declarações negociais stricto sensu* e como tal regulamentadas pela lei, como é o caso da proposta e da contraproposta contratuais, o caso da rejeição ou da aceitação; porém, apenas abrangendo as comunicações que se verifiquem até ao momento da constituição efectiva do contrato,

---

[13] A cobertura jurídica destas operações encontra-se nos arts. 236.°, 238.° e 239.° do Código Civil. O regime previsto nos arts. 221.° e 222.° do Código Civil, para as estipulações verbais acessórias (anteriores e posteriores), pressupõem já um negócio jurídico formado; porém, no apelo à vontade do autor da declaração, as negociações poderão também assumir relevo interpretativo ou integrativo.

que geralmente ocorre com a chegada da aceitação ao poder do proponente;

c) a conclusão do contrato – equivalendo, assim, esta categoria apenas ao momento inicial da existência, validade e plena eficácia do negócio jurídico bilateral.

Não pertence ao escopo deste livro o escrutínio do regime jurídico da negociação, nem tão pouco no parece útil aos nossos objectivos práticos enredarmo-nos no exame da dogmática civilista estabelecida em torno do tema. Pois que o nosso desígnio é o de analisar a *prática* da negociação e abordar as matérias relativas à sua experiência na advocacia. Daqui resulta a necessidade de prosseguirmos na análise do nosso objecto, ficando nestes termos operada uma remissão do assunto deste capítulo para as melhores fontes[14].

Inseridos na finalidade do nosso estudo, parece-nos no entanto conveniente lembrar ao leitor algumas das características básicas do regime jurídico da negociação consagrado no Direito Civil Português, bem como os contornos jurídicos elementares aplicáveis às declarações que podem produzir-se no seio da negociação.

Forma-se um negócio jurídico quando ocorre um completo acordo de vontades. A dogmática jurídica em que se baseia a lei civil nacional considera que tal acordo completo de vontades ocorre, em determinados pressupostos, pelo encontro de uma proposta e de uma aceitação recíproca, quando estas sejam completas, inequívocas e se revistam da forma legalmente requerida.

Tal como sucede com o conteúdo dos contratos – matéria em que, dentro dos limites da lei, as partes têm a faculdade de o fixar livremente, bem como a faculdade de nele incluírem as cláusulas que lhes aprouverem[15] – o princípio geral reconhecível no Direito Civil

---

[14] *Vide* Ascensão, José de Oliveira, *Direito Civil – Teoria Geral,* vols. I, II e III, Coimbra Editora; e Cordeiro, António Menezes, *Tratado de Direito Civil Português – Parte Geral,* Tomos I, II e III, Almedina.

[15] *Vide* o art. 405.º do Código Civil.

nacional a propósito do teor da negociação é, sem espaço para dúvidas, o princípio da liberdade negocial. Princípio que se estende também à forma das comunicações negociais, onde, na negociação propriamente dita, impera um princípio de absoluta liberdade. E este princípio apenas conhece uma espécie de limitação. A única limitação ao princípio da absoluta liberdade de forma durante as negociações surge a partir do momento em que as partes se dirijam para a formação do contrato. Isto porque, para que ocorra a formação do contrato, ou seja, para que as comunicações se possam considerar como declarações negociais (à luz da lei civilista) e assim produzam efeitos jurídicos elas próprias, pode a lei exigir determinados pressupostos para a sua validade, entre os quais os pressupostos formais[16].

Daí a utilidade de regressarmos momentaneamente à distinção apresentada há instantes. Isto, para vincarmos que nos *preliminares do contrato*, as comunicações trocadas de parte a parte são inteiramente livres, quer quanto ao conteúdo quer quanto à forma, e não produzem efeitos jurídicos, nomeadamente não são vinculativos. Não apresentam, portanto, validade em termos jurídicos. São os contactos, o pedido e a entrega de informações, as afirmações inconsequentes, as auscultações, as sugestões, as insinuações, a discussão de certos aspectos determinados da vontade contratual e mesmo a conclusão de acordos parciais sem relevância autónoma que, embora partes integrantes da negociação – e salvaguardada apenas a mera responsabilidade por eventual *culpa in contrahendo* – não têm validade ou eficácia jurídicas.

Pelo contrário, passarão a considerar-se *declarações negociais*, as comunicações que cumpram os requisitos de validade legalmente exigidos para a formação de um acordo de vontades completo (contrato). Genericamente, existirá uma declaração negocial válida quando se exprima uma vontade dirigida à celebração de um contrato, por meio de uma declaração, e esta última seja com-

---

[16] Ilustra-se este aspecto com a transcrição do art. 219.° do Código Civil: «A validade da declaração negocial não depende da observância de forma especial, salvo quando a lei a exigir».

pleta, inequívoca e se revista da forma legalmente requerida. Estas declarações importam efeitos jurídicos, desde logo a partir do momento em que sejam dirigidas a um destinatário.

Subjazem à lei vigente as seguintes espécies de declaração negocial:

- Proposta – traduz-se na afirmação de uma vontade dirigida à celebração de um contrato, por meio de uma declaração dirigida a um ou mais destinatários, e esta última contenha todas as estipulações necessárias à conclusão do contrato (ser completa), traduza uma vontade precisa e incondicional (ser inequívoca) e se revista da forma legalmente requerida. Pode conter um prazo de validade ou submeter-se à solução legal supletiva de prazo de validade e, enquanto for válida constituiu um direito potestativo na esfera jurídica do(s) destinatário(s) para concluir(írem) o contrato mediante mera aceitação.

- Revogação da proposta – traduz-se na afirmação do proponente, dirigida ao destinatário da proposta, no sentido de retirar a eficácia à proposta e, por essa via, fazer extinguir os efeitos jurídicos da mesma. Só é eficaz a revogação da proposta que chegue ao poder do destinatário antes da proposta inicial.

- Rejeição – traduz-se na afirmação do destinatário da proposta, dirigida ao proponente, no sentido de não aceitar a celebração do contrato nos termos propostos. Mas também a afirmação do destinatário da proposta, dirigida ao proponente, no sentido de aceitar a proposta com aditamentos, limitações ou outras modificações, na eventualidade de não constituir uma contraproposta. A rejeição faz extinguir os efeitos jurídicos produzidos pela proposta inicial, desonerando portanto o proponente.

- Contraproposta – traduz-se na afirmação do destinatário da proposta inicial, dirigida ao proponente inicial, no sentido de aceitar aquela proposta inicial com aditamentos, limitações ou outras modificações, mas apenas no caso de a modificação ser suficientemente precisa e contenha, em associação com a proposta inicial, todas as características de uma proposta (completa, inequívoca e forma legalmente requerida). Pode conter um prazo de validade ou submeter-se à solução legal supletiva de prazo de validade e, enquanto for válida constituiu um direito potestativo na esfera jurídica do destinatário para concluir o contrato mediante mera aceitação.

- Aceitação – traduz-se na afirmação do destinatário da proposta, dirigida ao proponente, no sentido de anuir integralmente à proposta, produzindo a conclusão do contrato com a sua recepção pelo proponente (ou com a conduta que mostre a intenção inequívoca de aceitar em alguns casos).

- Revogação da aceitação – traduz-se na afirmação do aceitante, dirigida ao destinatário da aceitação, no sentido de retirar a eficácia à aceitação e, por essa via, fazer extinguir os efeitos jurídicos da mesma. Só é eficaz a revogação da aceitação que chegue ao poder do destinatário antes da aceitação.

A rigidez algo escolástica destes conceitos traduz a dificuldade que representa para o legislador criar previsões gerais e abstractas capazes de responderem aos modernos desafios do Direito, numa sociedade em permanente mutação, onde situações tão banais quanto a compra e venda de bens de consumo num supermercado ou numa máquina automática, testam os limites dogmáticos de tais conceitos jurídicos[17]. São, todavia, institutos que demonstram claramente a sua utilidade na criação de normas para acorrer à necessidade de proteger os legítimos interesses e expectativas de quem actua no

---

[17] Como demonstra CORDEIRO, António Menezes, na obra já referida.

comércio jurídico de boa-fé. Não obstante, se as regras do Direito Civil Substantivo respondem claramente a muitos desafios na negociação contratual, o mesmo não pode dizer-se, por exemplo, no domínio da negociação de litígios.

Uma importante ressalva deve ainda ser acrescentada, no que diz respeito ao significado e ao regime jurídicos da promessa contratual no Direito Civil Substantivo. Com efeito, se a negociação contratual pode abarcar diversos estádios pelos quais se evolui dos contactos preliminares entre as partes até à conclusão de um contrato e, nesse sentido, possa um leigo considerar que durante a negociação atingiu um estádio em que um determinado contrato lhe está "prometido" – no sentido de lhe estar legitimamente assegurado, ou de existir um compromisso firme no sentido da sua conclusão –, o facto é que, para efeitos legais, o contrato-promessa (ou a promessa contratual) não se inclui no domínio das meras declarações negociais, mas constitui, pelo contrário, um tipo especial de contrato que, por isso mesmo, implica ter-se já acedido a um acordo de vontades completo pelo encontro de declarações negociais completas, inequívocas e revestindo-se da forma legalmente requerida. O contrato-promessa (ou a promessa contratual) é, portanto e para efeitos do Direito Civil Substantivo, antes de mais um contrato em si mesmo, fonte obrigacional por excelência. Um contrato (ou convenção) respeitante à celebração de um outro contrato (o contrato definitivo), é certo. E, por isso mesmo, geralmente o contrato-promessa constitui um passo prévio ao fim último desejado pelas partes. Porém, as regras aplicáveis ao contrato-promessa são também as aplicáveis ao contrato prometido, por via de regra[18], sendo certo que, se o contrato-promessa pode não fazer cessar automaticamente as negociações entre as partes, o certo é que também a assinatura de qualquer outro tipo de contrato pode não interromper a continuação de negociações – quer para a modificação ou a revogação do contrato celebrado, quer para a celebração de novos contratos.

---

[18] *Vide* os arts. 410.º e segs. do Código Civil.

4. A NEGOCIAÇÃO DE CONTORNOS JURÍDICOS EM ESPECIAL: TIPOS DE NEGOCIAÇÃO

4.1. **Introdução**

Ao nos debruçarmos sobre a negociação de contornos jurídicos, a sua classificação por tipos ajudar-nos-á a compreender as inúmeras e diferentes cambiantes que aquela pode assumir. Como em qualquer classificação, no entanto, a enunciação de tipos corresponderá à utilização de *critérios* de distinção, sendo desde logo evidente que a diferentes critérios corresponderão tipos diversos. Ou seja, estaremos a proceder à criação de categorias (ou tipos) em função de critérios. Assim, desde logo se fará uma advertência no sentido de que tal compartimentação em tipos não é mais do que uma operação de abstracção de intuito ilustrativo, sendo certo que a realidade importa geralmente grandes dificuldades de destrinça. Isto porque, onde se distinguem tipos diferentes em termos absolutos, a realidade muitas vezes desmente pela heterogeneidade e a confluência dos diversos tipos na mesma negociação. De resto, quantos mais critérios utilizássemos para classificar, mais tipos diferentes obteríamos. Daí que façamos apenas a distinção entre os tipos que nos parecem mais relevantes para o tema do nosso estudo.

Utilizando o critério da natureza predominante dos direitos envolvidos, podemos distinguir entre dois tipos de negociação: *a de carácter pessoal vs. a de carácter patrimonial*. No primeiro tipo, o objecto de negociação é predominantemente constituído pela configuração de direitos pessoais – como, por exemplo, na negociação de um acordo pré-nupcial, na negociação de um divórcio por mútuo consentimento, na negociação de um acordo sobre a regulação do poder paternal, na negociação de uma renúncia ao direito de queixa criminal. No segundo, o objecto de negociação é predominantemente constituído pela configuração de direitos patrimoniais – como, por exemplo, na negociação de uma revogação de contrato de trabalho, na negociação de um acordo de partilhas, na negociação de um contrato de empreitada.

Utilizando o critério da importância das características dos sujeitos envolvidos, podemos distinguir entre dois tipos de negociação: *a de carácter pessoal vs. a de carácter impessoal*. No primeiro tipo, o objecto de negociação envolve predominantemente aspectos relativos à individualidade de uma ou de ambas as partes – como, por exemplo, na negociação de um contrato comercial *intuitu personae*, na negociação de uma indemnização por acidente de trabalho, na negociação de um contrato de arrendamento para habitação de uma pessoa individual, ou também na negociação de um divórcio por mútuo consentimento. No segundo, o objecto de negociação pressupõe uma mínima ou nula relevância da individualidade das partes, nomeadamente onde predominem os aspectos e as condições comerciais – como, por exemplo, na negociação de um contrato de fornecimento entre duas empresas de grande dimensão, na negociação de aquisição de equipamento industrial, na negociação da compra e venda de património fundiário entre pessoas colectivas.

Utilizando o critério da complexidade do objecto negocial em presença, podemos distinguir entre dois tipos de negociação: *a de um assunto individualizado vs. a integrada*. No primeiro tipo, o objecto de negociação abrange apenas a um tema individualizado – como, por exemplo, a negociação do pagamento de uma dívida, a negociação do valor de uma indemnização, a negociação da compra e venda de um bem. No segundo, o acordo que se procura envolve já múltiplos temas que confluem entre si, gerando a necessidade de uma negociação mais sofisticada e intrincada – como, por exemplo, a negociação da divisão de um vasto património entre comproprietários, a negociação de um contrato de sociedade ou mesmo de um acordo parassocial, a negociação de um contrato de assistência técnica. Naturalmente que esta distinção será apenas tendencial, pois muito raramente a discussão de um tema individualizado não se multiplica por questões acessórias, as quais poderão vir a assumir relevância autónoma (desde logo, nos exemplos que citámos, as condições de pagamento, as garantias, os prazos de vária ordem, etc.).

Utilizando o critério da posição relativa dos interesses das partes em jogo, podemos distinguir entre dois tipos de negociação: *a de carácter distributivo vs. a de carácter integrativo* (aliás, já mencionados no capítulo inicial deste livro). No primeiro tipo, as partes competem na discussão da divisão entre si de um determinado valor, tentando obter benefícios em prejuízo uma da outra – como, por exemplo, na negociação de uma compra e venda, na negociação de uma indemnização por responsabilidade civil de uma das partes, na negociação de um arrendamento. No segundo, as partes cooperam entre si no sentido de obterem o máximo benefício recíproco, adaptando e integrando os respectivos interesses, o que implica normalmente a busca de soluções mais criativas – como, por exemplo, na negociação de uma rectificação de extremas entre terrenos vizinhos, na negociação de um contrato de representação comercial, na negociação de uma fusão de sociedades ou de uma mera associação em participação.

Utilizando o critério do prolongamento da negociação no tempo e da possível divisão por fases, podemos distinguir entre dois tipos de negociação: *a imediata (ou de curto termo) vs. a multifásica (ou de longo termo)*. No primeiro tipo, as partes procuram estabelecer rapidamente um acordo, sem a necessidade prévia de prolongamento do processo negocial ou da sua divisão em momentos distintos – como, por exemplo, a compra e venda de um bem móvel, a negociação de uma pontual prestação de serviços, a negociação do pagamento de um crédito empresarial. No segundo, já as partes pressupões o prolongamento da negociação pelo tempo e a necessidade de se evoluir por diferentes momentos-chave – como, por exemplo, na negociação de partilhas (tantas vezes implicando um unânime relacionamento de bens, a avaliação consensual do inventário, a composição de lotes, um acordo de licitações), na negociação de um mútuo garantido por hipoteca, na negociação de um contrato definitivo mediado por um contrato-promessa, na negociação de um litígio que evolua para uma fase judicial.

Utilizando o critério do número de partes envolvidas, podemos distinguir entre dois tipos de negociação: *a bipartida vs. a multipartida*. Feitas as ressalvas constantes do nosso léxico anterior, quanto à noção de parte negocial (nomeadamente relativas à possibilidade de uma das partes ser integrada por diversos sujeitos, à existência de um eventual porta-voz e ainda de um mandatário constituído), diremos que, no primeiro tipo existem duas partes que entabulam a negociação – como em casos paradigmáticos de compra e venda, de locação, de prestação de serviços. No segundo, naturalmente, existem mais de duas partes a entabular a negociação – como, por exemplo, na negociação da transacção em um litígio judicial com várias partes processuais, na negociação das responsabilidades civis emergentes de um acidente de viação com vários condutores intervenientes, na negociação de um acordo de partilhas com vários interessados.

Utilizando o critério da frequência da intervenção de uma das partes em negociações com o mesmo contexto, podemos distinguir entre dois tipos de negociação: *a eventual vs. a de repetição*. No primeiro tipo, o evento negocial é singular e pontual na esfera das partes – como por exemplo na compra e venda de um imóvel ou de automóvel entre dois particulares, na negociação de um acordo de divisão, na negociação de uma indemnização civil devida pela prática de um crime. No segundo, pelo contrário, pelo menos uma das partes negociais estará habituada ao género de negociações que

A negociação de contornos jurídicos em especial: tipos de negociação   45

se repete e, logo, familiarizada com todas as *nuances* e condições habitualmente discutidas – como, por exemplo, a negociação de um contrato de trabalho por parte de uma grande entidade empregadora, a negociação de um arrendamento por parte de um senhorio que seja proprietário de diversos imóveis de rendimento, a negociação de indemnizações por sinistro por parte de uma seguradora. Certos fenómenos de negociação de repetição podem ainda agrupar-se dentro da categoria da *negociação em massa* (correspondente à contratação em massa), na qual uma das partes se comportará de modo absolutamente idêntico face à generalidade das possíveis contrapartes, sendo exemplo disso o estabelecimento de condições para a venda de bens, por parte das sociedades comerciais exploradoras de lojas de venda a retalho, *maxime* de hipermercados.

Podemos ainda distinguir tipos em função da natureza predominante dos sujeitos e do contexto dos interesses em jogo e, nesse sentido, destrinçar a *negociação política*, da *negociação económico--financeira*, da *negociação comercial*, da *negociação laboral*, da *negociação diplomática*, entre tantos outros. A estas categorias, no entanto, estará geralmente subjacente, em maior ou menor grau, a *negociação jurídica* – traduzida na vertente da negociação que concerne aos termos e condições de ordem jurídica, ou seja, dos efeitos a produzir com a celebração do acordo, harmonizando a vontades das partes com as normas jurídicas aplicáveis.

Finalmente, utilizando o critério da posição das partes quanto à divergência dos respectivos interesses iniciais, podemos distinguir entre dois tipos de negociação: *a negociação conflitual vs. a negociação não conflitual*. No primeiro tipo, existirá uma contraposição entre as partes e os seus respectivos interesses serão opostos, como é característico, por exemplo, no caso de litígio judicial ou de um conflito de qualquer ordem, No segundo, pelo contrário, o que subjaz à negociação é a comunhão ou a conjugação de interesses recíprocos entre as partes como, por exemplo, na negociação de contratos entre particulares, contratos comerciais, financeiros, etc.

Doravante, prosseguiremos o nosso estudo exclusivamente sobre duas categorias distintas situadas na *negociação jurídica*, propriamente dita. Versando o nosso estudo sobre a negociação na advocacia, elegemos as categorias da *negociação de contratos* e da *negociação de litígios*, em função das características de ordem prática que justificam particularidades significativas no modo de agir das partes e dos seus interlocutores. São dois universos aos quais agregaremos algumas reflexões, em virtude de, a nosso ver, corresponderem aos dois pólos mais omnipresentes no exercício da consultoria jurídica e do mandato forense.

À negociação de contratos poderíamos fazer corresponder a negociação não conflitual e à negociação de litígio a negociação conflitual. No entanto, esta correspondência apenas poderia ser figurativa, já que a negociação de um contrato também é susceptível de ter por contexto um conflito latente ou mesmo já efectivo. De resto, como vimos a propósito da *culpa in contrahendo*, da negociação de um contrato pode mesmo vir a emergir um litígio. E, por outro lado ainda, a transacção – judicial ou extrajudicial – de um litígio pode por vezes operar-se mediante a celebração de um contrato, até mesmo formalizado por meio de escritura pública[19].

4.2. Negociação de contratos

O contrato é a figura paradigmática do acordo de vontades; é a sede, por excelência, onde tal acordo se consagra e se consubstancia, por meio de uma série de estipulações resultantes da vontades das partes contratantes. A negociação de contratos é o processo pelo qual se visa a formação de um negócio jurídico de natureza contratual. Nesse sentido, pressupõe a existência da vontade de contratar, por parte de duas ou mais pessoas. A vontade contratual das partes, como se evidencia, não é rígida, nem há de manter-se constante e

---

[19] *Vide* o artigo 1250.º do Código Civil.

A negociação de contornos jurídicos em especial: tipos de negociação   47

inalterada durante o processo negocial. Assim será, de acordo com a natureza evolutiva emanente à realidade que é a negociação; uma realidade viva, dinâmica, a qual pressupõe interacção e alterações reciprocamente induzidas entre as respectivas partes. É, pois, fundamental à compreensão do fenómeno da negociação contratual admitir a variabilidade enquanto característica inerente à vontade de cada uma mesma parte, no decurso do processo negocial.

Por via do processo negocial procurar-se-á ainda, por um lado, harmonizar vontades distintas em torno de um mesmo negócio e, por outro lado, estabelecer também os exactos termos e condições jurídicos, necessários a conferir validade e eficácia ao negócio – os contornos jurídicos do contrato. Daí que, na negociação dos termos finais do contrato geralmente também se procurarão definir um conjunto de regras destinadas a prever *soluções para eventos fortuitos ainda imprevisíveis para as partes*. Neste último aspecto, a intervenção de um jurista experiente implica por vezes a discussão de aspectos não contemplados e nem sequer previstos ainda pelas partes no começo do processo negocial.

Do que dissemos até aqui já se concluiu que a negociação de contratos envolve, então, muito mais do que a mera averiguação de uma hipotética confluência de vontades iniciais. Para ilustrarmos a complexidade a que aludimos, podemos dizer que na negociação contratual se responde a três questões diversas, correspondentes a três momentos abstractos e distintos:

- Num primeiro tempo, perguntam as partes: temos a possibilidade de chegar a um acordo de vontades?

- Num segundo tempo, perguntam as partes: como iremos configurar, em termos jurídicos, o nosso acordo de vontades?

- Num terceiro tempo, perguntam as partes: este é o teor exacto do nosso acordo de vontades, incluindo as previsões de ocorrências eventuais futuras?

E, em cada um destes momentos abstractos, a negociação dirige-se também para distintos campos, como: a compatibilização de vontades; a correspondência das vontades à formulação escrita mais conveniente; e a resposta negocial a questões (contratuais) não inicialmente previstas.

A conciliação das partes em torno de um dado contrato envolve, por isso, a negociação de vários aspectos a considerar em cada caso. Todos nos familiarizámos com a realidade da celebração de contratos, mas só o jurista tem total alcance do significado de todas as questões a discutir, e mesmo até das próprias declarações negociais a trocar – tudo, à luz do ordenamento jurídico vigente. Daí que, para a negociação de um contrato escrito seja sempre aconselhável a intervenção de um advogado, logo para a formulação das propostas iniciais ou, pelo menos, para ouvir o seu conselho quanto a uma dada redacção já submetida à apreciação por uma das partes.

Num outro esforço de abstracção, e no sentido de ilustrarmos também a complexidade do fenómeno da negociação contratual, podemos ainda acrescentar que a formação de um contrato implica uma interacção constante entre dois vectores distintos:

a) o vector da vontade das partes;

b) e o vector dos efeitos jurídicos.

Com efeito, subjacente à negociação de contratos estará a procura de uma justaposição da *vontade de partes* diferentes, mediante a busca de pontos de encontro entre diferentes interesses que reciprocamente se defendem. A justaposição das vontades procura-se alcançar num fenómeno dinâmico a que corresponde o processo comunicacional da mera averiguação recíproca quanto às possibilidades de estabelecimento de um acordo, ou da aproximação tendencialmente gradual de duas ou mais posições inicialmente díspares ou desconhecidas, no sentido de se alcançar um acordo uniforme de vontades.

Mas, como tal acordo de vontades pressupõe a produção de *efeitos jurídicos*, por outro lado, a negociação em si vai traduzir-se, basicamente, numa *negociação* – também interactiva e evolutiva – *de termos e de condições jurídicas*, ou seja, na negociação dos efeitos a produzir com a celebração do contrato. Tal pressupõe, naturalmente e mais uma vez, a presença constante e o conhecimento das normas jurídicas aplicáveis, por via do ordenamento para cuja aplicação se apela.

Neste universo de vectores negociais, a *redacção* do contrato em si mesma, torna-se claramente também um objecto a negociar. Isto porque, o vector da vontade das partes e o vector dos efeitos jurídicos devem encontrar-se na concreta redacção do contrato final a celebrar.

Em suma, no processo da formação do contrato, (1) a vontade das partes, (2) os efeitos jurídicos e (3) a redacção dos termos do mesmo, estão conjunta e constantemente a ser postas em causa, numa interferência recíproca, que torna extremamente difícil destrinçar aquelas realidades em cada caso concreto. Pois até ao assentimento final, pela outorga da versão definitiva do contrato, tudo está sujeito à negociação, como sabemos. O uso de uma dada expressão, o significado da palavra usada, a variação de um vírgula, ou o destaque de um assunto pela colocação em cláusula ou num mero considerando, são sinais bem visíveis disso mesmo, como se assiste na imbricada negociação, por exemplo, de um tratado internacional.

Deve, por isso, o advogado assumir um papel muito mais abrangente do que o de mero interlocutor da vontade das partes, em cada caso concreto da negociação de contratos.

Em primeiro lugar, deverá prestar conselho legal habilitado ao seu constituinte. Na relação de confiança que há de estabelecer-se entre o advogado e o seu cliente, deverão esclarecer-se claramente quais são os objectivos pretendidos por este último, relativamente ao contrato que pretenda celebrar com a(s) outra(s) parte(s) contratante(s).

Nesta operação, a informação deve ser prestada de modo simbiótico e transparente, por forma a que o advogado saiba absolutamente o que almeja o seu cliente – os seus objectivos contratuais – e, por outro lado, de modo a que o cliente conheça e fique inteiramente esclarecido acerca das questões jurídico legais que podem limitar ou conformar tais pretensões, até mesmo acerca dos aspectos a regular. Esta primeira análise jurídica das pretensões do cliente far-se-á no sentido do seu cabimento e enquadramento legais. Porém, a razoabilidade a impor aos interesses do cliente não deve limitar-se aos aspectos jurídico-legais, mas de igual modo também aos critérios de normalidade e de habitualidade praticados no comércio jurídico.

Posteriormente, podendo já o constituinte ter-se apercebido, por qualquer via, do que serão as prováveis expectativas da outra parte contratante, deverá ainda o advogado colaborar com o seu cliente no sentido de melhor adaptar as suas pretensões ao quadro da sua viabilidade, no caso concreto. Ou seja, prevendo o início da negociação, deverão utilizar-se as informações disponíveis acerca das pretensões ou expectativas da contraparte, também no sentido de saber em que medida se podem a estas adaptar os interesses do cliente.

Desta fase de análise prévia evolui-se para o estudo da estratégia e das técnicas negociais a adoptar, em função do estabelecimento de objectivos negociais. No fundo, a programação da negociação, tanto quanto possa desde logo fazer-se antes do início das comunicações negociais propriamente ditas. Isto porque, ao melhor modo de actuar em face da contraparte há de corresponder a produção de efeitos mais benéficos para a posição negocial do cliente. Nomeadamente: estudando as condições a integrar num primeira proposta, por forma a criar-se a conveniente margem negocial; prevendo respostas para as questões que a outra parte poderá vir a colocar; eleger o tempo e a forma da primeira abordagem à contraparte, etc.

Poderá, por exemplo, ser uma forma simples de condicionar a evolução futura da negociação do contrato a mera apresentação de uma minuta do futuro contrato, já tão completa quanto possível, inibindo desta forma a contraparte de apresentar objecções quanto a todos os termos contidos na proposta e limitando os aspectos a dis-

A negociação de contornos jurídicos em especial: tipos de negociação 51

cutir. Isto, no sentido de se progredir rapidamente nos aspectos acessórios, para se concentrar a negociação nos aspectos essenciais.

Pelo contrário, pode revelar-se útil no caso concreto que seja a outra parte a apresentar uma minuta contratual em primeiro lugar, para que possam ter-se como concessões a falta de discussão de muitos aspectos acessórios ao contrato. Isto, no sentido de limitar as exigências a fazer, para que possam vir a ser mais facilmente aceitáveis pela contraparte. O que pressupõe, também, um esforço quanto à valorização das (aparentes) concessões feitas e quanto à desvalorização das concessões obtidas.

Estabelecidas que estejam as posições iniciais recíprocas entre as partes e iniciado que seja o tal processo comunicacional inerente à negociação, o esforço do advogado deverá dirigir-se maioritariamente para a conquista das concessões da contraparte. O domínio da linguagem e do uso da linguagem em função dos efeitos jurídicos pretendidos poderão facilitar a imposição da vontade do seu constituinte, tanto quanto a lei o permita. Mas, a argumentação jurídica e a persuasão não poderão, contudo, realizar tudo sozinhas. Tornar--se-á certamente imprescindível voltar a analisar o estado das negociações com o seu cliente e estudar cuidadosamente os passos seguintes – insistência em determinados pontos de exigência, concessões mediante contrapartidas, construção de alternativas, análise de novas questões e/ou soluções – por forma a encaminhar o processo negocial para o sentido pretendido.

Finalmente, dentro da razoabilidade e do equilíbrio contratuais, hão de completar-se os termos do acordo a celebrar, conforme tal se tenha mostrado ou não possível, sempre dentro dos limites do interesse contratual do cliente. Aqui a preocupação deverá ser a de completar o acordo de vontades, tanto quanto possível, levando-o a abarcar o maior número de previsões convenientes para evitar a frustração das finalidades do contrato ante qualquer vicissitude, pelo menos comum.

A negociação de um contrato envolve, pelo exposto e ao longo de todo o processo negocial, um esforço conjugado entre advogado e o seu cliente (a parte negocial propriamente dita) quer no intercâmbio de informação; quer na conformação das pretensões iniciais; quer na análise do contexto, das características e reacções da contraparte; quer na ponderação das exigências, das concessões e das contrapartidas negociais; quer na programação da sua actuação negocial, em face das opções; quer no exame das consequências e dos efeitos jurídicos decorrentes da redacção do contrato.

Neste "trabalho de equipa", cabe ao advogado o papel preponderante ao nível de:

a) aconselhamento legal, onde se inclui a "tradução" e a "retroversão", dos termos jurídicos para a linguagem corrente e vice-versa;

b) aconselhamento estratégico;

c) redacção dos termos das declarações negociais;

d) comunicações com a parte contrária, ou mandatário desta;

e) redacção e negociação dos termos das cláusulas contratuais;

f) discussão e argumentação jurídicas com a parte contrária, ou mandatário desta.

De onde, a sua função está longe de ser apenas a de tabelião ou redactor do contrato.

Serão, aliás, múltiplos os conselhos que iremos apresentar adiante acerca da *estratégia* e da *técnica* de negociação, também aplicáveis à negociação de contratos, e também quando apresentarmos o passo a passo da negociação jurídica, acreditando que as capacidades de negociação podem, até certo limite, ser adquiridas e/ou melhoradas para além do que resulta de um método puramente empírico.

Todavia, as ferramentas privilegiadas do advogado na negociação de um dado contrato serão sempre (1) o conhecimento da lei aplicável e (2) a experiência adquirida na negociação dessa espécie determinada de contrato.

O conhecimento da lei aplicável e sobretudo num ordenamento jurídico como o nosso, em que há predomínio da norma escrita, implica a necessidade de ter em conta os aspectos imperativos da lei na negociação e na redacção dos termos contratuais. Mas, além disso, possibilita que a solução contratual dada a certas questões se estabeleça por mera omissão, remetendo então para o regime supletivo a consagrado na lei. Ou ainda, pelo inverso, obriga ao estabelecimento de termos contratuais que façam afastar tal regime legal supletivo.

A experiência adquirida na negociação da espécie concreta de contrato, por seu turno, familiariza o advogado com o curso do procedimento negocial e com as práticas habituais, mas habilita-o também a adoptar e propor soluções contratuais mais correntes, bem como a abranger completamente as necessidades de previsão jurídica do contrato, no sentido mais conveniente ao interesses do seu representado, evitando possíveis falhas. Por exemplo, na negociação de um contrato de arrendamento, existem determinadas previsões contratuais específicas para proteger os interesses do senhorio, por oposição às determinadas previsões contratuais específicas para proteger os interesses do inquilino. Porém, tais previsões contratuais específicas variam ainda consoante nos situemos num arrendamento rural, ou num arrendamento para habitação, ou num arrendamento para comércio. Outro exemplo será o do contrato de transporte, onde as previsões contratuais específicas variam imensamente em função de se tratar de um transporte de passageiros ou de mercadorias, ou ainda se tratar de transporte marítimo, rodoviário ou aéreo.

À especialidade de cada caso concreto há de corresponder, portanto, um caminho negocial específico, diferentes soluções contratuais correntes e diferentes aspectos a regular, em função das características e posição jurídica das partes outorgantes, do contexto do contrato e da natureza e posição dos interesses em causa. Daí que haja condicionantes diferentes, de vária ordem, quer nos situemos na negociação de um tratado internacional, na negociação de uma convenção colectiva de trabalho, ou de um acordo de auto-regulação entre agentes económicos, de um contrato administrativo, de um contrato de sociedade, de um acordo parassocial, de um contrato bancário, de um típico contrato civil – de promessa contratual, de compra e venda, de locação, de transporte, de empreitada, de agência, de edição, de prestação de serviços, de partilha, de prestação de serviços, entre tantos – ou de um contrato civil atípico. O que, só por si, justificaria um estudo autónomo (a que não nos propomos por ora) para cada espécie de contrato mencionada, onde se apresentassem as especificidades de cada processo negocial (com consideração dos cenários e contextos tradicionais), onde se analisassem as fases própria da formação do contrato, estrutura do contrato, as condicionantes impostas por cada regime jurídico aplicável, bem como sugestões acerca da redacção e da hermenêutica das respectivas cláusulas típicas.

4.3. Negociação de litígios

Emergem diariamente situações de conflito de interesses entre as várias pessoas jurídicas, pelas mais diversas razões, que se tornaria fastidioso tentar enumerar. Ao escritório do advogado, porém, chegam já apenas aquelas situações em que pelo menos uma das partes envolvidas pretende obter uma solução jurídica para o problema – quer por via da negociação, quer pela via judicial. É certo que, muitas vezes, a vontade do cliente é apenas a de ser primeiramente esclarecido quanto aos seus direitos no caso concreto e quanto à viabilidade e à utilidade do recurso à Justiça. Assim, praticamente como num serviço de urgência médica, o advogado fará uma triagem das situações que lhe sejam colocadas para análise, no sentido de dar o seu parecer quanto ao caminho a seguir para que possa o seu cliente ver satisfeitas as suas pretensões.

Entende-se por litígio um pleito, uma contenda, uma demanda judicial. Todavia, pode procurar-se uma solução extrajudicial para a questão subjacente ao litígio, mesmo antes de este se iniciar formalmente mediante o primeiro requerimento dirigido ao tribunal. Então, na negociação de litígios incluiremos quer a que tem por objecto um assunto ainda não submetido à jurisdição dos tribunais (litígio potencial), quer aquela que tem por objecto um assunto já em trâmite no foro judicial (litígio actual).

A negociação em qualquer uma das fases referidas – a fase préjudicial e a fase judicial – é familiar ao advogado. E desde logo as razões que enumerámos no início do nosso trabalho concorrem para que se deva procurar a solução negocial possível, em alternativa ao recurso à Justiça dos tribunais:

(1) menor grau de conflitualidade (pessoal e social);

(2) benefícios da solução rápida (tempo, empenho individual, dispêndio financeiro);

(3) eliminação da alietoriedade (o risco da demanda);

(4) possibilidade de uma melhor adaptação da solução ao contexto (*taylor made solution*);

(5) e ainda a possibilidade de manutenção de são relacionamento com a(s) parte(s) oposta(s), após a conclusão do conflito.

A emergência de um litígio pode ter por base uma relação jurídica (constituída ou não mediante um negócio jurídico, *maxime* um contrato), um acto jurídico (por exemplo uma conduta geradora de responsabilidade civil extracontratual) ou um simples facto jurídico (como, *v.g.*, o óbito do autor de uma herança). Porém, quando o caminho pode ser o recurso ao tribunal, este pode sempre ser precedido da negociação, pelo menos em princípio. A negociação de litígios envolve, por isso, um dos aspectos mais basilares e tradicionais da prática da advocacia no seu todo, mais ainda quanto o processo negocial se pode desenrolar desde antes da interposição de uma acção em tribunal até depois de se haver obtido já uma decisão judicial transitada em julgado. Não temos, por isso, minimamente o ensejo de elaborar um compêndio sobre este tema, suficiente só por si para um vasto e interessante tratado académico. Em seu lugar, o nosso objectivo será apenas o de apresentar algumas referências que nos permitam melhor entender o fenómeno dialéctico da negociação de litígios, acompanhando-as da menção de considerações de finalidade ilustrativa sobre alguns tipos de litígio que são frequentemente domínio de negociação.

Em geral, se na participação do advogado na negociação de contratos, este assume um papel preponderante no aconselhamento legal e estratégico, na redacção das declarações negociais e das cláusulas contratuais, na argumentação negocial e comunicações com a parte contrária – tal como vimos acima –; já na negociação de litígios caber-lhe-á o papel primordial:

a) no aconselhamento legal e estratégico da negociação dirigida em função do possível recurso ao tribunal;

b) no planeamento da negociação em articulação com a actuação jurisdicional;

c) na ponderação de todas as condicionantes próprias dos meandros jurisdicionais que possam influir na negociação;

d) na interpretação dos desenvolvimentos processuais (potenciais e reais) sobre as posições negociais das partes;

e) no recurso aos meios processuais adequados e convenientes para melhorar a posição negocial da parte representada.

De resto, as ferramentas privilegiadas do advogado na negociação de um dado litígio serão, de modo equivalente (1) o conhecimento da lei substantiva aplicável, (2) a experiência adquirida na negociação dessa espécie determinada de litígio, mas também, agora, (3) o conhecimento exímio do Direito Processual ou adjectivo cor-

A negociação de contornos jurídicos em especial: tipos de negociação   57

respondente, e ainda (4) a experiência adquirida na prática da litigância em tribunal. Pois de nada valerá ao advogado contar com o processo judicial para benefíciar a posição negocial da parte que representa, se lhe faltar a capacidade de utilizar as vias processuais com sucesso – e isso, sabe-o bem o advogado da parte contrária.

Portanto, emanente à negociação de litígios estará provavelmente o ambiente conflitual e competitivo próprio do processo judicial, onde, como dissemos noutra obra: «(...) *a batalha entre os diferentes interesses processuais trava-se no terreno das proposições de facto e as armas usadas, de parte a parte, são as provas*»[20]. Pelo menos a possibilidade efectiva de se passar ao contexto da litigância judicial.

E esta é a principal circunstância exógena às partes, capaz de interferir no processo negocial, tornando, por isso, a negociação de litígios numa realidade muito *suis generis*. Ao contrário do que se verifica na negociação de uma transacção comercial, por exemplo, nenhuma das partes pode prever com exactidão qual será a evolução do litígio quando este for confiado à acção da Justiça. Podem fazer-se cálculos, projecções, acerca do sentido da decisão judicial. Todavia, são tantas as variantes que podem influenciar o curso e reflectir-se no resultado de uma acção em tribunal que, em bom rigor, todas as previsões serão falíveis.

Por outro lado, o mero prolongamento da discussão em tribunal, facilitado muitas vezes por expedientes processuais usados a coberto da lei adjectiva, pode favorecer os interesses (também os negociais) de uma das partes em litígio. Pois a demora da acção da Justiça prolonga geralmente os prejuízos patrimoniais de uma delas – geralmente autora na acção – e permite ainda dar azo à implementação de medidas de prevenção, tendentes a diminuir o risco patrimonial da demanda. De sinal inverso, o recurso a procedimentos cautelares – prévios à acção principal, ou concomitantes a esta –

---

[20] Em *A Defesa e a Investigação do Crime (Guia Prático para a Análise da Investigação e para a Investigação pelos Recursos Próprios da Defesa Criminal*, Almedina, 2004, pp.166.

pode assegurar uma posição negocial de vantagem, consoante os inconvenientes, de ordem patrimonial nomeadamente, provocados na parte contrária.

Ao prestar o conselho inicial ao seu cliente, caso tal seja possível antes da existência de uma acção pendente em tribunal – pois casos há em que não intervenção do advogado em fase pré-judicial, desde logo caso este seja consultado após a citação do seu cliente como Réu – mais uma vez a informação será o elemento básico a trabalhar de início.

Na relação de confiança que há de estabelecer-se entre o advogado e o seu cliente, deverá obter-se o esclarecimento exacto e detalhado, não apenas dos factos centrais ao litígio, mas também das suas circunstância e contexto, historial prévio e explicação e ainda das características e reivindicações já conhecidas e/ou declaradas de parte a parte entre os intervenientes dos factos.

O conselho legal do advogado deve, em sequência, dirigir-se quer para os possíveis enquadramentos dados pela lei substantiva aos factos e às circunstâncias, quer para a análise da razoabilidade das pretensões da parte contrária, quer ainda para a análise da razoabilidade das pretensões da parte representada.

Aqui situados, verifica-se a influência dos dados prévios do caso concreto, no que concerne aos seu *efeitos limitativos* sobre os possíveis objectivos negociais da parte representada. Pois, ao invés do que se passa na negociação de contratos, onde deve imperar a livre vontade das partes no início do processo negocial, na negociação de litígios a presença dos factos e circunstâncias que estão na origem do litígio tornam-se factores que condicionam *ab initio* o curso da eventual negociação. Basta referir que o litígio pode já ter indisposto todas as partes envolvidas de tal forma que inviabilize de todo uma negociação. Ou pode encontra-se tal litígio numa fase evolutiva em que a negociação se tenha já frustrado absolutamente. No entanto, a prática revela que muito dificilmente, mesmo nestes casos, não surgirá nova oportunidade para negociar.

Seja como for, para o estabelecimento dos objectivos da parte representada e para o planeamento da actuação negocial seguinte, deverá o advogado esforçar-se para conformar as pretensões iniciais do seu cliente, no sentido de as adaptar – expandindo, limitando ou alterando – às possibilidades jurídicas quer em face da lei substantiva, quer face a critérios de normalidade e de habitualidade praticados no comércio jurídico, quer face às prováveis expectativas da parte contrária. Mas, outra ponderação se impõe no estabelecimento dos objectivos negociais em sede de negociação de litígios, nomeadamente, todos os aspectos atinentes à evolução judicial do problema.

Si vis pacem, para bellum. Tal como ensina o brocardo romano, também na advocacia é fundamental estar convenientemente preparado para a litigância nos tribunais, quando se venha a partir para uma negociação. E essa é seguramente uma das razões pelas quais o cliente decidiu procurar o advogado, uma vez que a apresentação do problema à Justiça dos tribunais é sempre uma opção.

Deve, portanto, ser levada em consideração a envolvente judicial do assunto, no que desde logo concerne aos *meios possíveis de actuação judicial e suas consequências*, nomeadamente:

a) duração do litígio;

b) custos prováveis;

c) conduta provável da(s) parte(s) contrária(s);

d) impacto sobre as *posições negociais* das partes envolvidas;

e) possibilidades de desfecho, quanto ao sentido da decisão judicial.

Em termos práticos, o advogado e o seu cliente deverão fazer como que diferentes simulações da realidade que poderá vir a resultar do recurso aos tribunais, para efeito da ponderação das suas pretensões negociais. Neste âmbito, por exemplo, os limites de uma decisão judicial possível, poderão auxiliar na definição de limites máximos e limites mínimos para as pretensões negociais. Pois a possibilidade de o caso vir a ser decidido por uma parte terceira, que será o julgador, será uma constante.

60   *Negociação, sua Prática na Advocacia*

À imagem do que acima dissemos, a propósito da negociação de contratos, desta fase de análise prévia evolui-se para o estudo da estratégia e das técnicas negociais a adoptar na negociação de litígios. Tendo, porém, sempre presente a preocupação especial de seleccionar o momento mais oportuno para apresentar propostas concretas. Naturalmente, a questão da iniciativa judicial, a questão da posição processual no litígio (autor, réu, ou outra), a questão da escolha dos meios processuais a usar, a questão da fundamentação jurídica das pretensões e a questão do suporte probatório das mesmas pretensões, serão factores a levar em conta.

Uma vez mais, estabelecidas que estejam as posições iniciais recíprocas entre as partes e iniciado que seja o tal processo comunicacional inerente à negociação, o esforço do advogado deverá dirigir-se para o progresso no sentido da aproximação das partes e da satisfação dos objectivos negociais (mediante a conquista de concessões da contraparte) ou, pelo menos, no sentido de encaminhar o processo negocial para a direcção pretendida, se tal for possível.

A dado momento, sobretudo quando a evolução do litígio venha a produzir importantes modificações nas respectivas posições negociais, tornar-se-á necessário realizar um *ponto de situação* entre advogado e seu cliente. Este momento de reavaliação destinar-se-á:

a) quer à reflexão acerca do interesse na continuação da via judicial;

b) quer a reajustes nas pretensões negociais, em função do que seja já o novo cenário do processo em tribunal;

c) quer à re-orientação da condução da negociação, contemplando novas vias de actuação, em função de hipóteses que tenham ficado já prejudicadas.

Exemplo óbvio de um momento onde será conveniente proceder à mencionada reavaliação será o da prolacção de uma Sentença de 1.ª Instância, não obstante a possibilidade de esta vir a ser modi-

A negociação de contornos jurídicos em especial: tipos de negociação   61

ficada em instância de recurso. Isto, porque as partes estarão já perante uma primeira configuração do que pode vir a ser a solução final do litígio, por via da qual certamente se confere predomínio aos interesses de uma das partes sobre os interesses da outra, produzindo-se então um influência persuasiva em benefício da parte maioritariamente "ganhadora". Mas também o momento da fixação de factos assentes, ou até o da realização de requerimentos probatórios, que poderão arrastar o curso do processo judicial ou comprometer alguma espécie de resultados, poderão ser eventos que justifiquem uma nova "medição de forças".

Importante, para efeitos da negociação de litígios, será manter um espírito franco e aberto durante todo o decurso da lide judicial, pelo menos entre os respectivos mandatários das partes processuais, certamente já acostumados a um certo grau de conflitualidade inerente ao contexto judiciário. Até porque, já depois do trânsito em julgado da decisão judicial, repetidamente há vantagens em negociar os próprios termos do cumprimento voluntário das obrigações emergentes da condenação. Ou seja: *o processo passa, a negociação continua*. Assim poderá ser até à obtenção efectiva da solução almejada.

À imagem do que dissemos a propósito da negociação de contratos, cumpre ainda acrescentar que a experiência adquirida na negociação de certas categorias de litígios habilitará, claramente, o advogado a adoptar e pôr em prática soluções negociais ajustadas às medidas da prática judiciária e à normalidade dos interesses em jogo entre as distintas partes processuais; tanto mais quanto sejam comuns as expectativas de se poder concluir o litígio por acordo – judicial ou extrajudicial. Daí que, à especialidade de cada tipo de lide judicial possa corresponder um caminho negocial específico e até habitual, em função das características e posições jurídicas das partes em litígio, e de outras condicionantes próprias. A título puramente exemplificativo, como sabemos:

• na negociação de um caso de despejo, atento o risco da demanda
  e o impacto patrimonial da delonga provável da respectiva acção,

até que venha a obter-se uma decisão judicial transitada em julgado, senhorio e arrendatário contemplam, tradicionalmente e pelo menos, as seguintes três vias distintas de negociação, por forma a resolverem o litígio entre si:

a) a manutenção do arrendamento, mediante o aumento do valor da renda, a estipulação de um termo para o contrato, e a revisão de outras cláusulas;

b) a entrega voluntária do arrendado, livre de pessoas e bens, mediante a indemnização do arrendatário, mormente justificada por benfeitorias realizadas;

c) a própria venda do arrendado ao inquilino.

• na negociação de uma indemnização por sinistro a coberto de contrato de seguro, a empresa seguradora frequentes vezes:

a) assegura inicialmente o pagamento de tratamentos médicos, por forma a controlar seus custos e a minimizar o aumento progressivo dos danos relativos à saúde;

b) baseia as suas propostas negociais em relatórios de peritagem, raramente facultados à contraparte;

c) em fase pré-judicial poderá tender a retirar vantagens da inexperiência da contraparte no cômputo da indemnização devida, ignorando despesas não documentadas e certas categorias de danos, como os de ordem moral, os lucros cessantes e os danos reflexos;

d) em fase pré-judicial, em certos casos, poderá mesmo procurar retirar vantagens da situação financeira da contraparte, que para recurso aos tribunais certamente terá de prever custos relativos ao patrocínio, propondo valores pouco além das despesas relativas a danos de saúde;

e) poderá procurar tirar vantagem do tempo decorrido, tentando levar a contraparte a ceder em função da delonga da acção judicial, e chegando a propor somente no dia do início das sessões de audiência de discussão e julgamento as condições reais pelas quais está disposta a concluir acordo.

- na negociação de um caso de divórcio, caracterizada por uma forte envolvente de questões atinentes a direitos pessoais, mas onde os aspectos patrimoniais assumem por vezes um papel dominante, haverá preferencialmente a considerar a discussão simultânea de múltiplos aspectos que carecem de regulação, desde logo:

  a) a dissolução do vínculo matrimonial, por oposição à simples separação de pessoas e bens, muitas vezes obtida através de um acordo que contempla indemnização pelos danos (morais) oriundos de conduta culposa;

  b) a eventual atribuição de uma pensão de alimentos a um dos cônjuges, quando tal se justifique;

  c) o destino a dar à casa de morada de família, ou a mera atribuição do direito a nela residir;

  d) a regulação do exercício do poder paternal no caso de existirem filhos menores do casal, onde a atribuição do poder paternal, a atribuição da guarda dos filhos e a fixação de pensão de alimentos em benefício dos menores são apenas os aspectos fundamentais, sendo certo que deverão prever-se todas as hipóteses possíveis no sentido de se evitarem incumprimentos e pedidos de alteração futuros;

  e) a partilha definitiva (ou pelo menos a promessa de partilha) dos bens comuns do casal, quando exista a comunhão de bens, muitas vezes implicando acordo com uma entidade bancária para que o passivo seja renegociado ao nível da responsabilidade dos sujeitos e/ou das garantias;

f) a recuperação e entrega de bens pessoais indevidamente na posse do outro cônjuge.

- na negociação da partilha de um acervo hereditário, atenta a demora do inventário judicial e os diversos riscos implicados nas soluções judicialmente impostas, bem como um segmento de questões que se avolumam caso venha a prolongar-se a administração da herança pelo cabeça-de-casal, com a correspondente obrigação de prestação de contas, existe um leque muito extenso de caminhos a explorar para uma transacção, sendo os mais frequentes:

a) a escolha simples dos bens e sua atribuição aos interessados, mediante o recíproco pagamento de tornas para preenchimento da totalidade dos quinhões hereditários;

b) a avaliação privada, a possível constituição de lotes de bens e a atribuição dos bens ou lotes de bens por escolha directa entre os interessados (prevendo o pagamento de tornas para preenchimento da totalidade dos quinhões hereditários);

c) a composição de lotes de bens e sua atribuição mediante sorteio previamente regulamentado entre os interessados (prevendo igualmente o pagamento de tornas para preenchimento da totalidade dos quinhões hereditários);

d) avaliação privada e atribuição dos bens (ou lotes de bens) por licitação regulamentada entre os interessados, mediante o pagamento de tornas para preenchimento da totalidade dos quinhões hereditários;

A negociação de contornos jurídicos em especial: tipos de negociação 65

e) partilha parcial, abrangendo os bens sobre os quais é possível estabelecer acordo de partilha e manutenção da comunhão hereditária quanto aos restantes;

f) estabelecimento da compropriedade entre os herdeiros quanto a parte ou à totalidade do acervo;

g) venda de bens para repartição do produto entre os interessados;

h) manutenção da comunhão hereditária, até à celebração de um contrato-promessa de partilha, prevendo qualquer uma das soluções ditas, mas que possa configurar título executivo.

- na negociação de uma impugnação de despedimento existem circunstâncias relevantes a ter em conta, quanto a ambas as partes, as quais podem condicionar seriamente as respectivas posições negociais, tais como:

a) as relativas à dificuldade de obtenção de prova, por parte do trabalhador, que frequentemente terá dificuldade em arrolar testemunhas dispostas a fazer declarações que contrariem os interesses da entidade patronal;

b) a disparidade de poder económico e logo de posição negocial, entre entidade empregadora e trabalhador, sendo que a débil situação financeira deste muitas vezes influi no sentido de o levar a aceitar condições de acordo inferiores às possibilidades de uma condenação judicial;

c) levado a recorrer ao tribunal, o trabalhador frequentemente aproveita a lide para reivindicar, para além da reintegração ou da indemnização pelo despedimento ilícito, também o pagamento de danos morais, de trabalho extraordinário não declarado, de eventuais dias férias não gozados nem pagos, ou parte dos subsídios de férias e/ou de Natal ainda não satisfeitos, para além de complementos diversos que entende serem-lhe devidos, contabilizando todas as regalias de que gozava como partes integrantes da sua retribuição;

d) para conclusão de um acordo num litígio já em fase judicial, o trabalhador tende a contabilizar na sua proposta também as retribuições vincendas respeitantes a todo o período de duração provável do litígio, até à prolacção da Sentença de 1.ª Instância;

e) a previsão legal de isenção de IRS e de descontos para a Segurança Social sobre o valor de uma compensação global pela extinção do contrato de trabalho por revogação, até ao limite estabelecido na lei, é susceptível de facilitar o estabelecimento de um acordo sobre esse mesmo valor.

- na negociação de um acordo de credores, quer em sede de processo de insolvência, quer em sede de protocolo prévio encetado por iniciativa do potencial insolvente – dada a possibilidade evidente da frustração definitiva da cobrança dos respectivos créditos em caso de liquidação judicial da massa insolvente e rateio do produto da sua venda – em contrapartida de um plano de pagamentos fidedigno, são usuais, entre outras:

a) a proposta de concessão de moratórias, alargadas por vezes a 5 (cinco) e a 10 (dez) anos, para viabilização económica do insolvente, por forma a assegurar melhores possibilidades de cobrança efectiva dos créditos;

b) o perdão total de juros moratórios;

c) o perdão parcial do capital dos créditos, em margens substancialmente acima dos 50% (cinquenta por cento), tendo em conta as possibilidades de um rateio judicial, onde a percepção de 5% (cinco por cento) ou 10% (dez por cento) não são as piores eventualidades;

A negociação de contornos jurídicos em especial: tipos de negociação   67

d) a constituição de novas garantias e/ou a extinção total ou parcial de garantias ou privilégios creditórios existentes;

e) a dacção em cumprimento de bens e/ou direitos com expressão patrimonial.

4.4. Formas alternativas de solução de disputas

No âmbito da análise da negociação de contornos jurídicos em especial, optámos por destacar claramente as seguintes formas alternativas de solução de disputas – alternativas aos tribunais judiciais, obviamente – muito embora a negociação seja talvez o seu exemplo mais evidente. Situamo-nos, por isso, ainda na negociação de litígios (potenciais e actuais). Porém, parece-nos fundamental dar destaque a certas figuras distintas não contempladas em particular até ao momento, ainda que o façamos *a vol d'oiseau*.

Assiste-se hoje, sem dúvida, ao advento de uma crescente importância da *mediação*, da *conciliação* e da *arbitragem* como formas autonomizadas de solução de litígios, em alternativa à resposta tradicional da Justiça dos tribunais judiciais, conotada com a demora, com a falibilidade, e em torno da qual se vem manifestando alguma insatisfação generalizada, mesmo a nível mundial.

Em Portugal, em concreto, tem vindo a ganhar terreno a institucionalização no seio do próprio Estado de Centros de Arbitragem de Conflitos, nomeadamente no domínio das relações de consumo e do sector automóvel, sendo cada vez mais frequente o recurso das empresas e dos particulares à mediação e à arbitragem, institucionalizadas por meio de reconhecimento legal de tais atribuições a entidades diversas, muitas de âmbito associativo. Surgiu ainda, há poucos anos apenas, a figura, de natureza híbrida, do Julgado de Paz, integrado no próprio sistema jurisdicional nacional, mas apelando à fase da mediação como prévia à da aplicação do Direito ao caso concreto. E, por último exemplo, foi também há relativamente poucos anos que a lei processual passou a estabelecer tentativas de conciliação promovidas pelo juiz do tribunal judicial, como fases prévias à instrução do processo, nos casos do processo civil comum e do laboral, muito embora isso fosse já tradicional no processo especial de acção de divórcio litigioso.

No entanto, nem a mediação, nem a conciliação, nem muito menos a arbitragem são criações modernas. E, por outra via, não se distanciam tanto assim da clássica negociação, já que esta subjaz a todas aquelas, mesmo até no caso da arbitragem, por via da necessária convenção de arbitragem.

Estas formas alternativas de solução de disputas não prescindem, portanto, da negociação, antes tentando que esta se desenrole em determinados moldes, nomeadamente no sentido de explorar outras vertentes da negociação, que possam contribuir de modo singular para a solução de litígios. A desjudicialização da solução de litígios, veio para ficar, pela presença cada vez mais frequente destas figuras.

Em razão do tema do nosso estudo, parece-nos então conveniente fazer uma breve distinção destas seguintes realidades, pelas quais a negociação de litígios se pode prolongar.

Protocolo Pré-judicial

Em certos ordenamentos jurídicos, como no caso do Inglês, impôs o legislador que determinadas categorias de acção judicial sejam precedidas de um procedimento autónomo promovido directamente entre as partes da contenda, sob pena de verem exponencialmente aumentadas as custas judiciais em caso de recurso ao tribunal judicial, sem o seu cumprimento prévio. Naturalmente, a obrigatoriedade deste procedimento facilita a aproximação das partes e a respectiva negociação. Tal procedimento autónomo promovido directamente entre as partes chama-se protocolo pré-judicial e consiste, genericamente, na obrigatoriedade de: (1) uma das partes apresentar à contraparte, por escrito, um sumário dos factos em que se baseia a sua reivindicação e um cálculo fundamentado desta última; (2) a contraparte terá acusar imediatamente a recepção daquela primeira comunicação e oferecer resposta detalhada num prazo relativamente curto; (3) na sequência do que ambas as partes têm ainda de produzir um documento por via do qual demonstrem ter conduzido negociações com vista a concluírem um acordo sem a intervenção do tribunal.

Conciliação

A conciliação é um procedimento, presenciado ou promovido por um terceiro (embora não necessariamente), no sentido de levar as partes a negociar e a discutirem concretamente os termos de uma possível solução consensual a dar ao litígio. Neste caso, as partes dialogam directamente sob a assistência de um terceiro tendencialmente não interventivo. A conciliação pode instituir-se de forma voluntária (pela via contratual, por exemplo) ou induzida, como no caso das tentativas de conciliação previstas na lei de processo civil e na lei processual laboral, ou ainda das comissão de conciliação extrajudicial, previstas no Dec.-Lei n.º 59/99 de 2 de Março no âmbito do processo contencioso das Empreitadas de Obras Públicas. Da conciliação pode, nomeadamente, resultar a diminuição do objecto sobre o qual subsiste diferendo, impondo a boa prática que seja reproduzido em acta todo o processado.

Mediação

A mediação é um processo específico mediante o qual a intervenção de um terceiro – o mediador – junto das partes procura levá-las a um entendimento recíproco que lhes permita resolver uma disputa por meio de um acordo. Pressupõe a especialização do mediador no assunto que é submetido e pressupõe igualmente a intervenção activa do mesmo, no sentido de colaborar com cada uma das partes. A mediação deverá ser precedida de uma acordo de mediação onde se estabeleçam as regras procedimentais, sendo habitual prever-se que a frustração da mesma canalize o assunto para uma arbitragem. As técnicas específicas da mediação, geralmente implicam a sugestão de soluções concretas que poderão ser adoptadas pelas partes em litígio.

Arbitragem

A arbitragem é uma forma privada de resolução de litígios, e consiste tipicamente na adjudicação da resolução, com efeitos vinculativos, de uma dada disputa a um ou mais especialistas independentes – designados por árbitros. A confidencialidade do procedimento, o domínio especializado dos assuntos submetidos e muitas vezes a sua rapidez, concorrem geralmente como razões principais para que as partes concordem em sujeitar-se à decisão do seu litígio por meio de agentes independentes, especialmente empenhados em resolvê-lo. Para o estabelecimento de uma arbitragem, podem as partes negociar e celebrar um acordo ou compromisso arbitral, por via do qual estabeleçam todas as normas da Arbitragem, ou remeter para as disposições da Lei da Arbitragem Voluntária[21], havendo ainda a possibilidade de aderir a arbitragens voluntárias institucionalizadas em qualquer uma das entidades autorizadas por diploma legal[22]. No âmbito do acordo arbitral (ou convenção de arbitragem na terminologia legal) podem as partes designar as regras

---

[21] A Lei n.º 31/86 de 29 de Agosto, alterada pelo D-L n.º 38/2003 de 8 de Março.

[22] *Vide* a respectiva lista no Portaria n.º 81/2001 de 8 de Fevereiro.

segundo as quais os árbitros julgarão o caso, nomeadamente o Direito constituído de um Estado ou a equidade.

Em alternativa à arbitragem *tout court*, as partes conflituantes podem optar apenas por atribuir, a um único perito independente (ou árbitro) a missão de propor uma solução concreta sobre um dado aspecto singular e determinado em que as partes estão em desacordo ou carecem de competência técnica para o fazer. Poderão fazê-lo informal ou formalmente (por via contratual), e optar ou não por dar carácter vinculativo à sugestão final do árbitro, como, por exemplo: no caso de uma proposta técnica de um engenheiro agrónomo para dividir uma herdade em várias explorações agrícolas economicamente viáveis; no caso de um relatório de auditoria para sanar um conflito entre a administração de uma sociedade e os titulares do capital social; no caso de um avaliação independente das verbas que integram um acervo hereditário; no caso de um perito que dá o seu parecer sobre a atribuição da responsabilidade entre duas empresas do ramo segurador; etc.

Provedorias

A provedoria consiste na assistência gratuita de um especialista ou de corpo especializado de consultores que prestam aconselhamento privilegiado a uma dada instituição, no domínio de questões de âmbito técnico, no sentido de dar resposta às exposições e queixas dos particulares e, ainda, sempre que possível, no sentido de levar tal instituição a dar satisfação voluntária às pretensões dos particulares. O exemplo máximo será o do Provedor de Justiça – figura consagrada na própria Constituição da República Portuguesa[23] –, que é um agente independente eleito pela Assembleia da República que tem por

---

[23] *Vide* os arts. 23.º, 163.º alínea i) e 283.º da C.R.P.

missão apreciar – sem poder decisório – as queixas dos cidadãos sobre os poderes públicos e dirigir recomendações aos órgãos competentes para prevenir e reparar injustiças. Mas a figura dos Provedores do Cliente tem vindo a ser progressivamente criada no seio de instituições públicas e privadas, absolutamente independentes do Estado, nomeadamente no sector bancário e segurador, no sector das telecomunicações, das agências de viagens e turismo, dos transporte, de agências criadas pelo Estado (por exemplo para o investimento e comércio externo), e até de grandes grupos empresariais.

5. NOÇÕES DE ESTRATÉGIA, TÉCNICA E ESTILO NEGOCIAIS

5.1. **Estratégia**

Todos temos naturais aptidões para negociar, assim como a capacidade de adaptarmos o nosso desempenho levando em conta as condicionantes concretas de cada caso. Perante dada situação, certamente não haverá quem deixe de fazê-lo, com maior ou menor eficácia, esforçando-se por concluir um acordo final que melhor sirva os seus interesses ou os de uma parte que represente. É certo. Todos sabemos defender determinados interesses, por meio do diálogo, da interacção de argumentos, e negar a celebração de um negócio que não se mostre conveniente.

Todavia, só a familiaridade com o meio negocial torna especialmente perceptíveis certos fenómenos que representam um desafio às capacidades individuais do negociador. Além disso, existem padrões de comportamento no processo negocial – como no caso das negociações de contornos jurídicos – que mais facilmente poderão ser aproveitados em benefício de uma das partes, consoante o grau de preparação do seu agente negociador. De resto, a habilidade e as boas capacidades negociais também se adquirem.

Por isso mesmo, apresentaremos certas noções que poderão orientar uma prática mais esclarecida da negociação, como as da estratégia, técnica e estilo negociais, cabendo por ora pronunciarmo-nos sobre a primeira.

A negociação não é uma corrida; não é uma competição onde exista um ganhador e um perdedor; nem pode observar-se como uma disputa em si mesma. Trata-se de encontrar soluções ajustadas aos interesses de todas as partes envolvidas, até porque a realidade tem o especial dom de nos surpreender, muitas vezes depois da aparente conclusão de um acordo manifestamente desequilibrado.

Mas, naturalmente, o advogado não tem a função de um árbitro, nem muito menos a de julgador que tenha o dever de zelar pela solução mais justa. Pelo contrário, defende os interesses de uma das partes, na medida da sua legitimidade, devendo fazê-lo por vezes em prejuízo do interesse da contraparte, sobretudo em negociações de natureza distributiva.

Portanto, o apelo à estratégia, que não é mais do que o apelo à programação orientada da actuação negocial, surge muito naturalmente, no sentido de possibilitar a geração de vantagens que permitam alcançar melhores resultados finais, em razão de se prever e poder vir a dirigir o que vai passar-se no tabuleiro das negociações.

Comecemos por dizer que, ao longo de um processo negocial, estabelece-se geralmente uma cadeia de acções, dentro da qual se desenrola o processo comunicacional entre as partes. Esta cadeia de acções, envolve uma sequência cíclica e continuada de:

a) avaliação (contínua) de informação própria e de informação obtida;

b) ponderação ou preparação da intervenção seguinte;

c) comunicação orientada pela finalidade negocial.

Durante o processo negocial, as partes exploram-se mutuamente, no sentido em que tentam obter informações, comunicações e declarações de vontade por via recíproca. Enquanto tal processo se desenvolve, no seio de cada uma das partes existe uma avaliação da informação (própria e obtida) e uma ponderação acerca da atitude a seguir.

A estratégia envolve, por um lado, a definição de objectivos negociais e, por outro lado, prende-se com a programação da actua-

Noções de estratégia, técnica e estilo negociais 75

ção uma das partes, a estabelecer previamente em direcção a tais objectivos e a reajustar durante toda a negociação, tendo em conta a evolução do processo negocial.

À definição da estratégia negocial, obviamente, há de presidir a finalidade de *influenciar o curso da negociação*, orientando-o no sentido de dar origem às circunstâncias mais favoráveis para a produção do acordo ideal e, para tanto, poderão ser adequadas opções mais interventivas – como produzir uma proposta, solicitar uma informação, reagir com uma dada atitude – por contraposição a opções menos interventivas – como esperar simplesmente, aguardar a iniciativa da contraparte, ignorar um comentário.

Em função do tipo de negociação subjacente – conforme as cambiantes dos vários tipos já referidas *supra* – a estratégia pode assumir uma feição competitiva ou, pelo contrário, uma feição cooperativa.

Será competitiva quando direccionada para obtenção de vantagens à custa de concessões a fazer pela parte contrária (*win/lose situations*); será cooperativa quando direccionada para a criação de soluções em que ambas as partes beneficiam (*win/win situations*).

Para a definição de uma estratégia, deixemos as seguintes oito recomendações em termos gerais, baseadas em regras de experiência comum:

1) Contemplação das opções alternativas à negociação

Em momento anterior ao processo negocial e também durante o mesmo, é conveniente manter presentes as razões que levam as partes a negociar. Nomeadamente, levando em conta as alternativas que existiam e as que ainda existem à negociação em si. Isto, poderá auxiliá-las a reconsiderar uma dada posição já assumida, a suavizar determinadas exigências e ainda a ponderar, em permanência, o que representará um desfecho de frustração de um acordo, ao nível das consequências.

2) Estabelecimento da zona de entendimento possível

Em fase prévia à negociação, mas também durante a mesma, será benéfico tentar rapidamente prever em que limites – máximos e mínimos – e dentro de que variáveis condições gerais será expectável poder chegar-se a um acordo. Isto, no sentido de procurar situar-se as expectativas e os objectivos negociais dentro de um quadro de possibilidades efectivas, mas igualmente por forma a melhor explorar a criação de um margem negocial própria mais adequada às finalidades, e por forma a explorar hipóteses mais benéficas do que as inicialmente previstas dentro da margem negocial presumível da contraparte.

3) Estabelecimento das condições de abandono

Por forma a evitar a continuação de um processo negocial penoso e infrutífero, é útil o estabelecimento prévio das condições abaixo das quais não se terá interesse sequer em continuar o diálogo, mais frequentemente ao nível dos valores (*walk-away price*). Ainda que não o fazendo de modo expresso ou pondo a outra parte negocial ao corrente dos exactos limites destas condições de abandono, o certo é que a sua definição prévia proporciona ainda um modo de orientar uma resposta negativa, facilitando a tomada de uma atitude rápida (e drástica) de abandono da mesma de negociações, assim criando um cenário em que a parte contrária apenas poderá retomar o diálogo mediante um prévio melhoramento significativo das condições oferecidas.

4) Definição de prazos e tempos máximos

De igual forma, e por apelo à noção da boa economia negocial, a parte negocial deverá definir o período temporal máximo em que se sujeitará à negociação. Ou, noutra variante, impor que se verifique pelo menos uma determinada evolução

Noções de estratégia, técnica e estilo negociais 77

num certo período, para que se justifique continuar a negociar. Alguns limites são desde logo os impostos pelo efeito útil das negociações que, a partir de certos extremos, comprometem os benefícios ou os próprios objectivos da negociação – como no caso evidente da decisão judicial do litígio em que se procura alcançar um acordo, mas também no da evolução do mercado numa compra e venda, etc. Dentro da razoabilidade e dos costumes, existirão sempre, pois, determinadas balizas. E, desde que se possa fundamentá-la com motivos atendíveis, a simples definição de prazos para a resposta ou mesmo para negociação normalmente constitui um factor de pressão negocial sobre a contraparte.

5) Objectivação dos problemas

Muitas vezes o maior obstáculo para o sucesso de uma negociação são os próprios sujeitos envolvidos, a sua personalidade, as suas emoções, os conflitos pessoais entre eles. Daí que, com frequência, seja fundamental à boa evolução do processo negocial e à razoabilidade do processo comunicacional a estabelecer-se entre as partes, ignorar até onde for possível, as suas características individuais, as meras opiniões e as idiossincrasias. Isto, em benefício de uma discussão objectiva, que posso produzir uma solução consonante com os melhores interesses de tais sujeitos, naturalmente. A "remoção" destes factores nem sempre é possível, sobretudo quando a negociação tenha por objecto questões de âmbito pessoal; no entanto, mesmo nesses casos, quanto mais se torne geral e abstracta a negociação, certamente mais se facilitará a evolução de todo o processo.

6) Separação do problema em assuntos individuais

A segmentação dos assuntos que integram o objecto negocial é, por vezes, a única forma de procurar resolvê-los por acordo. O objecto negocial envolve, não raras vezes, diferentes vertentes ou mesmo diferentes temas. Assim, o tratamento individualizado de cada segmento pode até impor-se pelo grau de complexidade do objecto negocial. No entanto, a par deste maior grau de atenção conferido a cada aspecto, a separação dos problemas permite com maior facilidade chegar a consenso quanto a certas matérias, deixando para momento ulterior a discussão das mais sensíveis. Á medida que se irão compreender melhor as razões do cerne do desacordo, tenderão também a surgir progressos, onde as partes concordam em certas soluções parciais, vendo-se gradualmente menos distantes. Isto, só por si, poderá gerar um efeito persuasor no sentido de mais facilmente se fazerem concessões recíprocas para que o acordo alcance a totalidade do objecto negocial. Em acréscimo, constitui um método de assegurar as vantagens de um eventual acordo parcial, que poderá interessar a uma das partes.

7) **Identificação dos termos do consenso natural**

Quer em momento prévio ao da negociação, quer já no decurso desta, poderá ser frutuoso prever rapidamente quais serão as condições concretas mediante as quais se deverá chegar a acordo, em função de uma evolução espectável. Tal consenso natural tende a estabelecer-se, com frequência, precisamente no meio-termo das posições iniciais, e a tal tendem, aliás, as expectativas negociais. Isto, porque tradicionalmente as partes respeitam a proporcionalidade nas suas concessões recíprocas, em obediência à noção de equilíbrio negocial e de razoabilidade – se uma parte se situou em 10 e a contraparte se situou em 8, o consenso natural deverá estabelecer-se em 9. Ora, esta previsibilidade, não obstante falível, poderá por exemplo colocar uma das partes em situação favorável, desde e quando saiba aguardar a primeira proposta da contraparte, para depois efectuar a sua contraproposta inicial, por forma a melhor orientar o consenso natural para onde julgue alcançável, nomeadamente dentro da zona de entendimento possível a que já aludimos.

8) Ocultação do interesse excessivo

Apelando à noção de posição negocial que propusemos acima, é quase sempre recomendável que a parte negocial não exponha demasiado o seu interesse em concluir um acordo, e muitas vezes até que não exponha o seu interesse excessivo em negociar. Obviamente que, quando se estabelece uma negociação tal só se justifica porquanto exista interesse recíproco na mesma. Porém, as partes negociais estão permanentemente a "medir forças", no sentido de se assegurarem que dispõem das melhores circunstâncias para fazerem/manterem exigências e diminuírem ao máximo as suas concessões. Isto, porque as exigências só diminuem e as concessões só serão feitas se tal for necessário (para a conclusão do acordo). Daí que seja obviamente aconselhável evitar, o mais possível, mostrar a necessidade que possa existir quanto à conclusão do acordo, sob pena de a parte se colocar gratuitamente numa posição negocial de inferioridade.

5.2. Técnica e estilo

Na negociação, a técnica corresponde também a um conjunto de procedimentos específicos que poderão ser empregues no sentido da obtenção de determinado resultado, ou sejam, acções concretas que poderão ser usadas para a produção de um dado efeito (desejado) sobre o processo negocial em si.

No âmbito negocial, a arte e o saber fazer do advogado, em concreto, pressupõem o domínio da respectiva técnica, precisamente por aquele ser um agente melhor habilitado com tais conhecimentos de aplicação prática, mas também com os convenientes e necessários conhecimentos do universo jurídico. A actuação do advogado na negociação deve, pois, ser uma actuação apurada e tecnicamente qualificada. Porém – quase ironicamente – a técnica negocial não surge nos compêndios académicos, nem se ministra – de forma vocacionada e tanto quanto julgamos saber – na competente ordem profissional ou associação que constitui a instituição representativa dos advogados portugueses, a digníssima Ordem dos Advogados, a que muito nos orgulhamos de pertencer.

Daí que, neste momento, o nosso propósito se estenda à referência de alguns elementos instrutores daquela técnica, com a pretensão de estabelecer caminhos de reflexão, já que muito dificilmente a gnose da boa técnica de negociação se pode traduzir numa qualquer espécie de "ensinamentos" teóricos, gerais e abstractos. Não obstante os obstáculos evidentes, não fazer aquelas referências no nosso livro seria votar a técnica da negociação de contornos jurídicos a um imerecido esquecimento, apontando a técnica negocial para os meandros do puro empirismo, o que não se justifica.

- A primeira referência será a relativa ao **rigor jurídico**, aliás igualmente próprio da boa técnica jurídica. A boa técnica negocial obriga o advogado a usar de precisão e a empregar adequadamente os termos jurídicos, assim também o devendo exigir da outra parte negocial, quer ao nível do intercâmbio de informação, quer ao nível da simples comunicação, quer ainda, sobretudo, nas declaração negociais que venham a ser trocadas. A referência aos assuntos que integram o objecto da negociação, feita com rigor jurídico, importa credibilidade negocial e gera confiança na parte que está a ser representada. Pelo contrário, sob a capa de imprecisões terminológicas ou vaguidão muitas vezes se escondem armadilhas negociais ou escolhos encapotados no caminho da formação de um contrato. De resto, o rigor jurídico ajuda as partes negociais a encontrar rapidamente alguns dos problemas que têm de ser encarados e solucionados, convenientemente,

Noções de estratégia, técnica e estilo negociais 81

para que o acordo de vontades almejado possa ser alcançado sobre bases sólidas e possa vir a produzir os desejados efeitos. Em consequência deste princípio do rigor jurídico negocial, igualmente resulta a discussão esclarecida, para ambas as partes, da própria viabilidade das soluções jurídicas propostas. Daí que, só o mesmo rigor jurídico possa dar lugar à razoabilidade jurídica da discussão negocial. Terá então maior capacidade persuasiva a parte que melhor sustente a sua argumentação em termos jurídicos.

• Outra referência importante é a que faremos quanto à **gestão da informação**, ao longo da negociação. Por imperativo de lealdade entre as partes negociais não pode deturpar-se a informação, nem ocultar-se a informação essencial ao esclarecimento do objecto negocial, como sabemos. No entanto, a informação é também variável em quantidade – quer quanto aos assuntos e circunstâncias a considerar em torno do objecto negocial, quer também em função do seu grau de detalhe. Dispor de mais informação, numa negociação, normalmente corresponde a ter mais poder negocial e, logo, melhor posição negocial. Isto, por inúmeras razões, entre as quais: a melhor adaptação das exigências que se vierem a apresentar ao quadro da realidade existente; a melhor caracterização da contraparte; o domínio dos pormenores que dará maior capacidade de argumentação durante a discussão; a previsão de temas futuros de discussão ainda não evidenciados inicialmente; o comprometimento da contraparte quanto às informações dadas inicialmente; bem como a capacidade de identificar argumentos inválidos que a contraparte possa vir a querer usar na sua argumentação. Assim, por um lado, deve o advogado procurar obter da contraparte o maior número de elementos informativos no sentido de obter o esclarecimento completo das circunstâncias relativas ao objecto do acordo a realizar e às razões da vontade negocial da contraparte, por muito que tal possa parecer pouco relevante, num momento inicial. Para citar exemplos óbvios, os motivos pessoais que levam a contraparte a querer contratar, a sua capacidade financeira, os limites das condições que entenderia aceitáveis, etc. Paradoxalmente, por outro lado, deve o advogado dosear a passagem de informação relativa à parte que representa, no sentido de a ir transmitindo apenas à medida que se torne necessária para o progresso da negociação, ou seja útil para si, ou apenas à medida que seja solicitada pela contraparte, de modo pertinente. Nomeadamente – e quer em benefício da sua posição negocial, quer da viabilidade do acordo a celebrar – deverá reter informação até ao momento oportuno, e mesmo reservá-la para quando for significativae para acompanhar considerações suas, já que muita da que poderia ser fornecida nunca chega a ser solicitada, nem julgada necessária pela contraparte. No entanto, se é certo que dar informação demasiada ou cedo demais pode suscitar questões prejudiciais à negociação, também é certo que omitir informação essencial ou fornecê-la demasiado tarde poderá gerar dúvidas e mesmo suspeições infundadas na contraparte.

- Uma outra referência é a que diz respeito ao relevo da **fundamentação** conferida às atitudes, às declarações negociais e às condições negociais apresentadas por cada uma das partes. Aqui, assume particular importância o modo como se apresentam as pretensões e as exigências negociais, em lugar do seu conteúdo efectivo. Sustentar uma pretensão ou uma exigência em fundamentação atendível, confere-lhe razoabilidade, dificultando a sua não aceitação pela contraparte e, até, tendencialmente as tornará aceitáveis. Destarte, a fundamentação dos diversos aspectos de uma proposta, a fundamentação da rejeição de uma proposta, ou a fundamentação de uma simples exigência, tornam mais sólidas e entendíveis as posições assumidas por uma dada parte ao longo do processo negocial, contribuindo ainda para a sua credibilidade. Em sinal inverso, exigir sempre a fundamentação para uma pretensão ou exigência apresentada pela contraparte, torna mais difícil a sua sustentação, chegando mesmo a inibir a contraparte de apresentar certo tipo de exigências que não teriam sentido ou seriam indefensáveis, dentro da razoabilidade. Pois uma fundamentação débil conduz à fraqueza da exigência negocial apresentada, gerando um cenário favorável à sua respectiva não aceitação. O que expusemos pode traduzir-se sinteticamente no imperativo de *não fazer exigências injustificadas, nem aceitar concessões sem a justificação das exigências.* Portanto, o uso de fundamentação adequada confere força negocial à argumentação trocada durante uma negociação – argumentação de natureza circunstancial, mas também de natureza jurídica – por via dos seus efeitos potencialmente persuasivos e/ou dissuasores.

- Sendo o caminho negocial composto de apresentação, adaptação e abdicação de pretensões e exigências recíprocas entre as partes negociais, onde se fazem progressos por meio de concessões, numa dialéctica constante, aconselha a boa técnica negocial que este fenómeno corresponda a algo mais do que o encontro casual das vontades no ponto do consenso natural (conceito a que fizemos referência *supra*). Daí, a relevância da **reclamação de contrapartidas**. Com efeito, a melhor forma de defender o interesse de uma das partes, quando esta se vê compelida por qualquer razão a fazer uma concessão – naturalmente que só a fará na medida do seu interesse e dos objectivos (maiores) prosseguidos – será aceitar fazer tal concessão, mas somente mediante uma contrapartida. Esta ideia coaduna-se com a de equilíbrio negocial e também com a de razoabilidade, dizendo sobretudo respeito ao modo de fazer as concessões necessárias para o progresso da negociação. A contrapartida poderá ser também uma concessão pela parte contrária, ou a aceitação de uma nova pretensão, ou ainda qualquer outro benefício pertinente no seio do objecto negocial. Nem sempre é viável exigir uma contrapartida quando se faz uma concessão. Porém, serão normalmente recompensados todos os esforços realizados no sentido de impor este princípio sinalagmático: *concessões sim, mas mediante contrapartidas*. Pelo contrário, quando não existe esta preocupação, assiste-se muitas vezes a uma série de concessões feitas por uma das partes sem qualquer espécie de retorno pela boa vontade negocial manifestada, quando teria sido possível obter maior equilíbrio na negociação, por existir uma disponibilidade da contraparte para tanto mas que nunca foi convenientemente explorada.

• Outra referência relevante será a da utilização de meios difusos durante o processo comunicacional inerente à negociação, em ordem a **valorizar/desvalorizar exigências e concessões** reciprocamente. Por apelo às noções de equilíbrio e de razoabilidade negociais, depois de apresentadas reciprocamente as exigências ou pretensões iniciais, tendem as partes negociais a gerar a expectativa de que haverá proporcionalidade, na medida em que lhes sejam exigíveis cedências de parte a parte. Ou seja, se uma parte cede, aceitando uma das exigências da contraparte ou abdicando de uma exigência sua, esperará que a outra parte, em contrapartida, aceite uma exigência sua ou abdique de uma exigência, respeitando

Noções de estratégia, técnica e estilo negociais 85

uma equivalência relativa, por forma a se evoluir de modo equilibrado no caminho negocial. Daí, a importância da subtileza que venha a ser usada, para que ambas as partes atribuam maior ou maior valor (ou significado em termos de importância) a uma dada exigência ou a uma dada concessão. Porque neste fenómeno de troca de concessões, interessa a uma dada parte realizar uma pequena concessão obtendo em contrapartida de uma importante concessão da contraparte, enaltecendo a sua pequena concessão ou fazendo com que se entenda que a grande concessão da contraparte foi afinal de somenos importância. Para o efeito da valorização e/ou da desvalorização a que aludimos, poderão naturalmente servir quaisquer meios inerentes à comunicação negocial, como, por exemplo, mencionar detalhadamente as circunstâncias que agravam o significado de uma concessão que acaba de ser feita (em ordem a valorizá-la), não produzir o menor comentário nem dar atenção expressa a uma concessão feita pela contraparte (em ordem a desvalorizá-la) ou mesmo tornar difícil e moroso o processo conducente a fazer uma dada concessão (em ordem a valorizá-la).

- Em conexão com o que acabamos de expor e precisamente pela existência da mesma expectativa de proporcionalidade na medida das cedências que se esperam de parte a parte, durante a negociação, muitas vezes será útil recorrer à **multiplicação das exigências iniciais** a apresentar – obviamente dentro de uma quadro geral de racionalidade, sob pena de se comprometer a necessária confiança entre as partes. Ou seja, estabelecidas que sejam, no seio da própria parte, quais são as suas prioridades e as condições mais relevantes para que tenha interesse em realizar um acordo com a contraparte, aquela parte negocial deverá esforçar-se por apresentar maior número de exigências, por forma a, naturalmente, ganhar margem negocial que lhe permita fazer maior número de concessões em seguida. Não se trata apenas do velho princípio de *pedir o mais para obter o menos*, sempre tido em conta no sentido de gerar valor e criar margem negocial, mas que facilmente poderá dar lugar à tentação de pedir demasiado, levando à frustração prematura da negociação, ou à descredibilização da parte negocial que, logo em momento seguinte, terá de rever as suas pretensões gravosamente se quiser retornar à mesa negocial. Em seu lugar, a multiplicação das exigências iniciais dirige-se à criação de pretensões acessórias, estabelecidas razoavelmente e dentro da habitualidade própria de cada objecto negocial, no intuito de reforçar uma posição negocial e facilitar a escolha de concessões futuras.

- Outra referência útil no domínio da técnica negocial é a da **criação de alternativas**, quer no âmbito das propostas a apresentar, quer mesmo no domínio das vias negociais a explorar. Neste sentido, as propostas poderão implicar para a contraparte a faculdade de escolher, em prejuízo certas vezes da tendência para discutir mais afincadamente as suas condições. Tal criação de opções permite, ainda, influenciar também o curso do processo negocial, orientando a contraparte no sentido desejado, uma vez que se conheça qual será a sua provável reacção perante a apresentação das mesmas. De resto, a maior amplitude de alternativas certamente corresponderá a um quadro negocial em que melhor se explorará a compatibilidade dos interesses das partes envolvidas, sendo certo que dependerá em grande medida da criatividade dos intervenientes, quanto à criação de soluções que possam significar valor acrescido para aquelas.

Noções de estratégia, técnica e estilo negociais   87

- Por outro lado, muitas vezes recomenda a boa técnica negocial que se proceda ao estabelecimento de uma **sistematização hierarquizada dos assuntos** que compõem o objecto da negociação. Isto, por forma a auscultar facilmente as potencialidades prévias de se concluir um acordo, eliminar rapidamente certos caminhos da negociação, ou mesmo excluir a hipótese de negociar, em tempo útil, ante a evidência da impossibilidade de se chegar a consenso. Pode mesmo chegar a ser útil o recurso a uma *agenda negocial* dos vários assuntos a submeter à negociação, não apenas pelas finalidades estratégicas que pode estar subjacentes à separação do problema em assuntos individuais, mas também por fins meramente organizativos e, em certos casos, para produzir aquilo que se chama de *ancoragem de uma negociação* – isto é, a obtenção de um consenso inicial quanto aos assuntos mais importantes no quadro de um acordo global, que encoraje as partes a maiores disponibilidade e flexibilidade na discussão dos restantes aspectos (exemplo óbvio, num caso de divórcio, acompanhado da abordagem dos assuntos conexos).

- Uma importante referência será sem dúvida a da **gestão do(s) tempo(s)**, como ferramenta para gerar benefício para uma das partes no âmbito de uma negociação. Para além dos aspectos estratégicos a que já aludimos (quanto à definição de prazos e tempos máximos da negociação), o recurso ao momento mais apropriado para praticar um determinado acto pode condicionar fortemente a produção do efeito desejado. Como exemplos simples:

a) a aceitação extremamente rápida de uma proposta inicial, ao invés de assegurar a concretização do acordo, muitas vezes produz o surgimento de novas condições para a realização do mesmo por parte do proponente;

b) a demonstração prematura do interesse num determinado aspecto negocial, muitas vezes conduz a que a contraparte o eleja também como *piéce de resistance*, para, em contrapartida de uma cedência, tentar obter várias contrapartidas;

c) o mero silêncio prolongado faz muitas vezes com que a contraparte reveja a sua proposta sem sequer ter existido uma contraproposta;

d) a apresentação intempestiva de uma primeira proposta negocial pode fazer disparar os valores que a contraparte se dispunha a propor;

e poderíamos continuar a apresentar um imenso leque de situações que o ilustram. A escolhas de tais momentos mais apropriados depende imensamente das circunstâncias do caso, do contexto, das razões que levam as partes a negociar, das posições negociais e mesmo das características pessoais das partes envolvidas, pelo que será função privilegiada do advogado experiente e habilitado fazê-la. A simples quebra daquilo a que corresponde o ritmo negocial, pode fazer revelar "fraqueza" da banda de uma das partes, o que de imediato poderá ser aproveitado para uma dada atitude mais pronunciada. E a influência destes *timmings* negociais na produção de efeitos negociais torna-se ainda mais evidente na negociação de litígios, consoante as diferentes fases de um processo judicial, existindo momentos claramente mais favoráveis para a obtenção do acordo da contraparte nas condições mais desejáveis.

• Finalmente, a boa técnica negocial poderá implicar certos cuidados a ter na **formalização e fecho da negociação**. Não é caso único que, à última hora, uma das partes se lembre de acrescentar mais uma exigência ou um tema de discussão (sobretudo quando outra parte mostre

Noções de estratégia, técnica e estilo negociais 89

demasiada satisfação), depois de todos os envolvidos estarem convictos de que o acordo estaria fechado. Por outro lado, quando a negociação se prolonga por diversas fases, amiúde estabelece-se a discordância quanto aos termos precisos dos consensos a que já se havia chegado num momento anterior. Ora bem, existe por isso um conjunto de soluções a adoptar no sentido de prevenir a ocorrência de interferências inusitadas no estado das negociações. Uma delas será deixar um registo, sumário mas com o detalhe necessário, dos progressos obtidos e das posições a que chegaram as partes em determinada data – quer por meio de uma acta de reunião, de um protocolo de compromisso, ou mesmo de uma comunicação entre mandatários, ainda que em data ulterior. Outra será a própria celebração de uma promessa contratual, quando o caso justifique. Mas o denominador comum será sempre o de deixar um registo escrito e, sempre que possível, subscrito pelas partes, para que produza, se não efeitos vinculativos, pelo menos um compromisso ético que apele para a lealdade negocial. No fecho da negociação, em concreto, ou seja naquele momento imediatamente anterior ao da celebração do acordo pelo meio juridicamente idóneo, torna-se também aconselhável expressar claramente que se considera o acordo indefectivelmente fechado.

Faremos ainda referência a algumas técnicas usadas para a ultrapassagem de dificuldades específicas da negociação de contornos jurídicos, *infra* e em local próprio.

Optámos por fazer uma menção menos detalhada ao *estilo negocial* que, a nosso ver, não deve confundir-se com a técnica negocial nem com a mera postura, esta mais propriamente atinente à parte negocial, como acima aludimos.

As questões relativas ao estilo não devem, por outro lado, confundir-se com a firmeza e a determinação que qualquer negociador deve mostrar na defesa da sua posição, em ordem a sustentar de modo credível a posição da parte representada.

O estilo prende-se com as características individuais do interlocutor na negociação, com a sua maneira específica de intervir e de comunicar, mas ainda com o modo de raciocinar e de estruturar a sua conduta negocial. Ou seja, a forma de agir e de reagir na negociação, como no caso de qualquer outra conduta humana, será até certo ponto indissociável da personalidade do sujeito agente, quer pela influência da sua psicologia, quer pelo significado da imagem que projecta, quer ainda pela interpretação a que se prestam as suas expressões, num conjunto extremamente rico e único que poderemos designar de estilo.

Não iríamos, obviamente, dar conselhos acerca do estilo de cada qual, sendo certo que o contacto – presencial ou à distância – com a variedade imensa de estilos negociais, se traduz numa valiosa experiência humana, e até inspiradora por vezes.

Todavia, o certo é que o estilo negocial do interlocutor na negociação pode assumir importância, tendo em conta a influência que o mesmo é susceptível de ter no desenvolvimento de um processo negocial. É certo que o advogado que representa uma das partes, em última instância, transmite as posições assumidas pela parte sua representada. No entanto, é inegável que a aquilo que são as suas características pessoais reflectem-se com frequência no próprio processo negocial (e não apenas por via do conselho prestado), condicionando a negociação, nomeadamente prejudicando-a ou beneficiando-a, por vezes até de foram involuntária.

Não podemos esquecer a influência recíproca que se estabelece inevitavelmente entre os interlocutores directos da negociação, nomeadamente no acolhimento de pontos de vista diferentes e na chamada de atenção para problemas e vertentes ainda desconhecidos e/ou imprevistos atinentes à(s) contraparte(s), ou mesmo a informação objectiva ainda não disponibilizada ao advogado pelo seu próprio cliente.

Há, por exemplo, quem no início da negociação opte por abordar de imediato, e frontalmente, todas as circunstâncias que possam

Noções de estratégia, técnica e estilo negociais 91

dificultar a conclusão de um acordo. Outros tentarão ignorar tais circunstâncias o mais possível, pelo menos até à *ancoragem* da negociação. Alguns, começam por veicular uma mensagem positiva no início dos contactos negociais, por forma a encorajar os demais interlocutores a empenharem-se na negociação com optimismo; outros preferem esperar para ver, assumindo uma disposição seráfica. Certamente sujeito a variações no mesmo sujeito, até consoante o contexto (contratual ou litigante), um estilo mais diplomata ou um mais conciliador, em detrimento de outro mais agressivo ou mais competitivo, respectivamente, assim como reacções bruscas e incompreensíveis, em lugar de posições explicadas, ou ainda o uso de modos solenes ou distantes ou, pelo contrário, de modos informais e acessíveis – tudo são aspectos relativos ao estilo negocial que podem contribuir para dificultar ou facilitar o diálogo e a interacção negociais.

6. PASSO A PASSO DA NEGOCIAÇÃO NA ADVOCACIA: LIDANDO COM O CLIENTE; LIDANDO COM A CONTRAPARTE

A sequência dos comportamentos que integram a negociação na advocacia, como vimos, é natural e extremamente variável: em função do tipo de negociação, nomeadamente da negociação de contratos ou da negociação de litígios; em função do contexto e das matérias que constituem o objecto da negociação; em função do estado inicial de proximidade ou afastamento pronunciado entre as posições das partes; em função do ritmo de evolução da negociação; em função da multiplicidade de fases necessárias ao normal desenvolvimento do processo negocial. E, atendendo à especificidade de cada caso concreto, podemos mesmo afirmar que uma negociação nunca se repete.

Não obstante, tendo presente que a finalidade deste capítulo é a de ilustrar a complexidade inerente à mesma negociação na advocacia, proporemos um modelo que julgamos poder enquadrar a generalidade dos casos, onde certamente se incluem estádios já aludidos nesta obra, como sejam: a do aconselhamento inicial do cliente; a preparação e o planeamento da actuação negocial; a comunicação com a contraparte; a necessidade de re-análise e adaptação das pretensões de cada uma das partes durante o processo negocial; a especificidade da fase final das negociações, até à formalização do acordo.

De onde, não se poderão ignorar as limitações resultantes da lógica expositiva de uma tabela do tipo "passo a passo", que elegemos com a preocupação de apresentar uma síntese abstracta e útil.

A negociação na advocacia dirige-se naturalmente para a conjugação de vontades entre duas (ou mais) partes, o que compreende, em consequência, a intervenção do mesmo advogado em dois diferentes contextos de base: lidando com o cliente; e lidando com a contraparte. Ou seja, um circuito muito próprio, com o qual o advogado já estará certamente familiarizado, e que passamos a descrever esquematicamente.

Em ordem cronológica, tal circuito pode abranger os seguintes passos, naturalmente sujeitos a adaptações:

(1) Lidando com o cliente:

- informação e pretensões
- enquadramento jurídico
- conformação das pretensões
- definição de objectivos negociais
- planeamento e estratégia (1.ª intervenção)

(2) Lidando com a contraparte:

- abertura das negociações, propriamente ditas
- discussão de termos e argumentação jurídica
- estabelecimento de consensos prévios

(3) Lidando com o cliente:

- análise de resultados intermédios
- reajustes
- planeamento e estratégia (2.ª intervenção)

(4) Lidando com a contraparte:

- re-discussão de termos e argumentação jurídica
- estabelecimento de consenso final
- discussão da forma e aspectos acessórios

Passo a passo da negociação na advocacia: lidando com o cliente... 95

(5) Lidando com o cliente:

- análise de resultados finais
- ajustes finais da forma e aspectos acessórios

(6) Lidando com as partes:

- celebração do acordo

Reportando-nos ao primeiro dos momentos apresentados no nosso esquema (*1. Lidando com o cliente*), escusamo-nos de repetir fastidiosamente tudo quanto já dissemos *supra*, quer a propósito da negociação de contratos, quer a propósito da negociação de litígios, quer ainda em diversos capítulos do nosso livro, já que em nada este seria beneficiado. Ou seja, não valerá a pena insistir perante o leitor atento em proclamar a necessidade de, num diálogo franco e realista, o advogado analisar a informação disponibilizada pelo seu constituinte e também as suas pretensões, de prestar o seu aconselhamento jurídico e moldar – até certo limite – as pretensões do seu cliente, de definir em conjunto com este determinados objectivos negociais, e de planear de igual modo a estratégia a seguir no processo negocial. Porém, justificam-se ainda as seguintes alusões.

É certo que na negociação se pretende a boa conjugação de todos os interesses em jogo; todavia, e obviamente, a missão inicial do advogado é a de conseguir maior número de benefícios para a parte que representa e tirar partido das vantagens negociais de que possa dispor. Assim, aliás, à imagem do que sucederá no universo da contraparte.

Para este desígnio, então, na definição dos objectivos negociais e para benefício dos resultados da negociação, será prudente que o advogado se empenhe na criação do que podemos designar por *dupla margem negocial*.

Para tanto, cliente e advogado deverão estabelecer:

a) as condições que constituiriam o acordo ideal;

b) as condições que constituiriam o acordo aceitável;

c) as condições que constituirão a posição inicial a assumir perante a contraparte – por via de regra acima das que constituiriam o acordo ideal.

Não se deve partir para a negociação acreditando com ingenuidade que as partes hão de convergir naturalmente, sem que tentem reciprocamente obter benefícios à custa das demais. Por isso, este procedimento da criação de uma *dupla margem negocial* pode revelar-se extremamente útil. Desde logo porque gera um mecanismo de salutar transparência nas relações advogado-cliente, ao mesmo tempo que faculta uma boa orientação nos contactos com a contraparte, em ordem a explorar todas as potencialidades da negociação, defendendo absolutamente os interesses do cliente representado. O mesmo mecanismo, permitirá ao advogado apresentar uma dada posição inicial perante a contraparte e defendê-la até ao limite das condições que constituiriam o acordo ideal – aqui se esgotando a *primeira margem negocial*. Obviamente que esta evolução descendente deverá ser gradual e consonante com a evolução que possa registar-se no processo negocial, nomeadamente numa lógica de contrapartidas, fundamentação e razoabilidade, impostas pela boa técnica.

Por outro lado, em salvaguarda dos interesses da parte representada, o advogado disporá ainda de uma segunda margem negocial para fazer face a eventuais necessidades que surjam no processo negocial, correspondente ao espaço entre as condições que constituiriam o acordo ideal e as condições que constituiriam o acordo aceitável. Sem prejuízo da maleabilidade que venha a impor-se no sentido de ainda vir a progredir para as condições que constituiriam o acordo minimamente aceitável, já apelando a uma margem negocial extraordinária.

Já ao nível do planeamento da actuação negocial e da definição de uma estratégia, assumirá também particular relevo a programação, não apenas de qual será a posição inicial a assumir perante a parte contrária, mas também do modo e do momento mais apropriados para a apresentar – nomeadamente quem dará o primeiro passo no sentido da negociação, quem apresentará a primeira proposta, que via deverá ser seguida, a quem dirigir a proposta, recorrendo ou não a contactos prévios ou insinuações de objectivo negocial.

As matérias contidas no segundo daqueles momentos, ou passos (*2. Lidando com a contraparte*), uma vez mais têm sido abordadas com insistência no nosso estudo, decorrendo, aliás, da natureza própria do fenómeno comunicacional que pressupõe a existência de pelo menos dois sujeitos com interesses inicialmente divergentes ou reciprocamente desconhecidos, por via do qual se fará uma *mera averiguação* recíproca quanto às possibilidades de estabelecimento de um acordo ou um *processo de aproximação tendencialmente gradual* de duas ou mais posições inicialmente díspares ou desconhecidas, no sentido de se alcançar um acordo uniforme de vontades, por via do qual se produzam efeitos jurídicos.

E, as contidas também nos demais passos que apresentámos (*3. Lidando com o cliente; 4. Lidando com a contraparte; 5. Lidando com o cliente; 6. Lidando com as partes*), como temos vindo a referir nas diversas sedes do nosso livro em que julgámos mais oportuno, não são mais do que o prolongamento natural do processo evolutivo que temos vindo a referir, onde o advogado assume competências variáveis em função do curso da negociação e da necessidade que subsista quanto à sua intervenção.

Obviamente que, de acordo com o número de partes negociais envolvidas, com a amplitude do objecto da negociação e com todos os demais factores que temos enunciado ao longo deste estudo, também o percurso do processo negocial – o seu *passo a passo* – carecerá de ser adaptado ao caso mediante recurso a soluções mais complexas, implicando a necessidade de rondas negociais, consultas prévias a cada parte, entre outros, como se assiste, nomeadamente, na negociação de um acordo de credores ou no estabelecimento de acordos prévios a assembleias gerais societárias, associativas ou de outra natureza.

De resto, como sabemos, até à celebração de um acordo final, toda a negociação está em causa e sujeita às mais variadas vicissitudes e contingências.

7. MATÉRIAS FINAIS

Não ficaria completo o nosso trabalho caso não dedicássemos alguma atenção ao assunto das dificuldades e problemas que podem surgir na negociação, assim como ao dos modos de estes serem ultrapassados. A negociação é um percurso onde facilmente surgem escolhos. Alguns dos quais desmotivadores. Outros que até fatalmente a inviabilizam. Todavia, todos serão sempre, em primeiro lugar, um desafio às capacidades dos advogados envolvidos.

Por vezes, fruto da tensão que se estabelece no confronto da argumentação aduzida de parte a parte, são os respectivos mandatários que se incompatibilizam. Esta circunstância é comum, apesar de indesejável, e nem sempre existe a possibilidade de regresso ao diálogo, por muito empenho que um dos envolvidos esteja disposto a revelar para tanto. Interessará, por isso, tentar salvaguardar as partes negociais implicadas não as envolvendo (ou não as envolvendo demasiado) naquele conflito. Pois mesmo num cenário negocial como este pode persistir ou a necessidade ou a conveniência das partes continuarem a explorar a via da negociação. Por forma a isolar os efeitos nocivos de uma incompatibilização que ocorreu entre os seus respectivos mandatários, poderá uma das partes (ou ambas) mudar de interlocutor, o que sempre será mais facilitado quando se tenha recorrido a um escritório onde existam vários advogados associados entre si.

Este assunto das incompatibilidades pessoais é extensível, todavia, ao domínio das próprias partes negociais, já que por vezes os mandatários respectivos conseguem manter um diálogo frutífero, ao invés do que se verifica entre os seus representados. De tal ordem pode chegar a ser aquela incompatibilidade que uma das partes pode manifestar a sua recusa quanto a negociar. Nesta eventualidade, e desde que persista igualmente a necessidade ou a conveniência objectiva em continuar a explorar-se a via da negociação, poderá tentar-se encontrar quem substitua uma das partes – com o seu consentimento, naturalmente – no assunto da negociação, pessoa essa que por vezes pode ser encontrada entre os seus familiares directos.

A mudança de interlocutores e/ou a substituição de pessoas dentro de cada uma das partes negociais pode ser uma forma simples e eficaz de obviar a tais fenómenos de conflito pessoal, e pode também ser explorada num sentido ascendente – passando a lidar com um interlocutor mais habilitado ou com alguém que tenha mais poder ou mais importância no seio da parte negocial (*upgrading*) – ou num sentido descendente – passando a lidar com um interlocutor vocacionado para assuntos mais simples ou alguém que até então tenha mostrado menor relevo no seio da parte negocial (*downgrading*). Mas será um recurso que oferece um certo melindre e que, por isso, será tanto mais fácil de usar quanta for a "experiência negocial" de todos os envolvidos.

Quando a importância das emoções humanas influi no processo negocial, dificultando-o, é sempre um momento sensível que exige muita atenção, sobretudo se as finalidades da negociação se mantêm. Uma das técnicas especificamente usadas na advocacia em situações semelhantes, é a do *recurso a várias salas de negociação*, para manter o diálogo em paralelo com diversos intervenientes – exemplo óbvio, nos casos de negociação de um divórcio ou de negociação de um contrato em dadas circunstâncias, sobretudo num estádio final onde já existam expectativas de se concluir um acordo. Um dos mandatários reúne numa sala com o seu cliente, ao passo que o outro mandatário reúne noutra sala com o seu respectivo cliente. Depois reúnem apenas os mandatários numa terceira sala, regressando em seguida cada um para a sua sala inicial. Em caso de conveniência, um dos mandatários pode reunir também com a contraparte e o seu mandatário em simultâneo, evitando assim e sempre que as partes se encontrem *vis a vis*, até um eventual momento final, em que todos reúnem para chegar ao desejado consenso. Daqui resulta que a simples manipulação dos ambientes e da presença das pessoas pode facilitar – com eficácia comprovada por qualquer advogado experiente – a ultrapassagem de situações de conflito pessoal, muitas vezes geradoras de entraves e impasses negociais.

Em certos casos, as dificuldades negociais resultam da inexperiência da contraparte ou do seu mandatário. Nestas situações nada deverá obstar a uma colaboração com os mesmos, sugerindo caminhos e alternativas a considerar, sempre obviando o mais possível que se evidencie a autoria de eventuais conselhos que se possam oferecer, sob pena de serem interpretados como manobras capciosas e, logo, sejam contraproducentes.

Outras vezes, não obstante o esforço que deverá presidir para evitar que tal suceda abruptamente, surge um impasse na negociação, traduzido na manutenção intransigível da posição de uma das partes ou mesmo de ambas. Neste momento, o advogado habilitado deverá especialmente:

a) ao invés de tentar forçar a posição que defende, empenhar-se em persuadir a contraparte no sentido de a fazer aproximar-se, usando a argumentação que ao caso caiba;

b) ao invés de rejeitar simplesmente a posição defendida pela contraparte, esforçar-se para reajustar aquela posição num sentido mais vizinho à posição da parte que representa.

Quando, ainda assim, o problema subsista, então será oportuno sempre:

a) questionar as motivações da intransigência, uma vez que estas poderão ser irrazoáveis;

b) relembrar as vantagens de chegada a um consenso para todas as partes envolvidas, uma vez que a dissensão poderá ser desproporcional face aos consensos já alcançados;

c) discutir calmamente as razões do impasse;

d) rever as possibilidades de chegar a solução aceitável para todos, ainda que derivando para quadros de soluções hipotéticas;

e) tentar obter tempo de reflexão e usá-lo junto do seu cliente para um possível reajuste de posição;

f) enfrentar a possibilidade de último recurso a uma cedência mediante a exigência de uma nova contrapartida.

Muitas vezes uma situação de impasse tem origem na demasiada rapidez com que um das partes esgotou a sua margem negocial. São as situações em que o extremar de posições ocorre prematuramente. Ou seja, por não ter usado da adequada parcimónia em progredir nas suas concessões, pode uma das partes gerar na contraparte a convicção errada de que ainda está disposta a ceder mais, gerando expectativas falsas, que mais tarde levam ao bloqueio do processo negocial. Para evitar que se chegue a este cenário e para evitar uma escalada irracional e inoportuna nas propostas de parte a parte, é aconselhável reprimir a tentação de querer concluir o acordo de forma rápida e recolher para reflectir sempre que o progresso da negociação ultrapasse a programação inicial.

Outras vezes o obstáculo à negociação é produzido por uma das partes ter dado entrada na negociação com expectativas irrazoáveis ou com excessiva auto-confiança, ou somente porque pretende mostrar dureza no sentido de levar a contraparte a fazer todas as concessões, manifestando por isso uma posição intransigente. Não é raro, ainda, que exista a interferência negativa de um sujeito que deliberadamente tenta minar a negociação, como sucede, por exemplo, quando deseja arrastar o assunto para um litígio em tribunal (pelas mais variadas razões). Estes constituem sempre problemas que impõem um tratamento diferenciado. Mas, desde logo será útil

Matérias finais

contrariar a irracionalidade tais comportamentos, desarmando-os. Por exemplo, antecipando a apresentação de propostas irrazoáveis, reservando informação e a apresentação de argumentos para mais tarde, persistindo na indicação de vontade em negociar ao mesmo tempo que se enfatiza a necessidade de razoabilidade na negociação.

Se o obstáculo subsiste, então poderá a única solução ser produzir uma alteração de circunstâncias, que provoque reacções ao nível das posições negociais. Por vezes só uma mudança evidente nas condicionantes externas poderá levar a tais efeitos, como a procura de outro parceiro negocial, como o avanço em direcção ao tribunal, como a produção antecipada de prova – quer em privado, quer já em sede judicial. A discussão judicial é, por isso, frequentemente a única medida que poderá ultrapassar as dificuldades negociais, pela potenciação de novos pontos de viragem.

8. CASOS

O nosso livro não tem conclusões. Ao conclui-lo, uma vez mais apontamos para a prática, na convicção de que o intercâmbio e o comentário de experiências poderão constituir melhor modo de enriquecer e terminar o nosso trabalho.

A aquisição de capacidades negociais é indissociável da prática. Tornar-se-ia, contudo, num exercício gratuito e fastidioso relatar casos correspondentes às mais frequentes negociações desenvolvidas na advocacia. Muito mais se o fizéssemos com a pretensão de estarmos a referir algum assunto desconhecido do leitor.

Nada importa de assinalável a negociação do pagamento de uma singela dívida entre particulares, ou mesmo a negociação pré litigiosa de um crédito empresarial constante de facturas incontestadas, onde apenas haverá a discutir as condições do pagamento imediato ou em prestações, eventuais garantias, o possível perdão de parte dos juros de mora e pouco mais. Assim como outros casos triviais num escritório de advogados, como a negociação dos termos de um contrato de trabalho, dos termos de um arrendamento, da promessa de compra e venda de um bem, de uma cessão de quotas, de uma prestação de serviços, entre tantos exemplos conhecidos.

Infinito também seria o leque de casos de negociação de litígios, quer de âmbito judicial quer em sede das mediações e das arbitragens onde interviemos, sempre acompanhadas de incidentes, inflexões inesperadas, interregnos e acordos muitas vezes concluídos já depois da execução das respectivas decisões judiciais transitadas em julgado.

Optámos, por isso, por apresentar apenas alguns casos pouco complexos de negociação, que destacamos sobretudo pelo seu desfecho inesperado, ou pela sua natureza menos vulgar – por vezes até insólita –, porquanto nos parecem os mais convenientes para ilustrar certas peculiaridades da negociação, que só podem compreender-se no interior de um contexto próprio e singular. Fazemo--lo para deixar, não um ensinamento, mas caminhos de reflexão livre sobre aquele algo de único que só a particularidade dos casos pode transmitir. Teremos, naturalmente, o cuidado de omitir todas as referências que pudessem identificar os interesses e assuntos concretos referidos a pessoas, locais, momentos e até valores designados.

O caso do restaurante

Os proprietários de um estabelecimento comercial de restauração debatiam-se com dificuldades económicas derivadas de outros negócios seus. Estas últimas razões levaram--nos à conclusão de que deveriam promover rapidamente a venda do seu estabelecimento, até porque tinham atingido os limites dos possíveis financiamentos bancários e careciam de liquidez. O estabelecimento em causa encontrava-se em laboração e, na situação normal do mercado, poderia representar um valor de venda de X. Não cuidaram, todavia, de ocultar convenientemente a sua situação económica difícil, acreditando que o valor natural e a evidente viabilidade do seu restaurante seriam suficientes para virem a realizar uma boa transacção.

Para conseguirem uma alienação mais rápida e evitar o pagamento de comissões a terceiros, os mesmos proprietários optaram por não promover a venda do estabelecimento em mediadoras especializadas e nem sequer colocarem anúncios na imprensa. Em vez disso, realizaram contactos directos com alguns empresários seus conhecidos, acabando por propor directamente a venda do restaurante a um agente que estivera ligado à actividade bancária, o qual era conhecedor de todos os meandros da situação económica daqueles.

Este agente mostrou-se imediatamente interessado na compra, mas propôs-lhes pagar apenas o valor X – 5. Os proprietários do estabelecimento não aceitaram esta proposta, que lhes pareceu objectivamente baixa, mas deixaram-se cativar pela manifestação fácil do interesse daquele agente. E, em lugar de procurarem outros potenciais interessados na compra, propuseram-lhe a venda pelo valor X – 2, na expectativa de encontrarem consenso entre a diferença de valores em jogo.

O certo é que as negociações mantiveram-se num impasse durante algum tempo. Neste interregno, os proprietários do restaurante assumiram, todavia, o negócio como assegurado.

A situação financeira dos proprietários veio a agravar-se. E, na falta de outro recurso imediato, estes contactaram uma vez mais o referido agente para lhe comunicarem que aceitavam a oferta inicial de X – 5. Todavia, contra o que seria expectável e até frequente, este agente retirou aquela oferta inicial, apresentando então uma contraproposta mais baixa, de X – 7. Apesar de surpreendidos com esta atitude inesperada, o estabelecimento veio mesmo a ser transaccionado pelo último valor, em virtude da necessidade premente de obter liquidez imediata.

O caso do vendedor comissionista

Era tradicional a situação em que um dado vendedor, contratado a *recibo verde* e pago por meio de comissões sobre as suas vendas, alegava a existência de um contrato de trabalho, sobretudo depois de ocorrido o seu despedimento. Acompanhámos muitos casos dessa natureza, quer da parte da entidade patronal – a qual geralmente invocaria a existência de um mero contrato de prestação de serviços – quer em representação do trabalhador – que se socorreria das características individuais da sua relação com a empresa para identificar, no caso, todas as características típicas de um vínculo laboral.

Porém, neste caso particular que iremos descrever, dois vendedores comissionistas foram despedidos em simultâneo. As respectivas acções judiciais para declaração da existência de um contrato de trabalho, e consequente nulidade do despedimento, foram interpostas no mesmo Tribunal do Trabalho, mas distribuídas a juízos diversos e patrocinadas por advogados distintos.

Uma destas duas acções chegou primeiro à fase de julgamento e, naturalmente, um dos vendedores em causa foi testemunha ouvida no processo relativo ao seu colega. Como não houvesse conciliação, a entidade patronal veio a ser condenada no pagamento de uma avultada indemnização – para cujo cômputo se utilizou a média dos valores das comissões auferidas no último ano de serviço. Este mesmo caso avançou ainda para recursos, mas tal decisão de 1.ª Instância foi mantida até ao respectivo trânsito em julgado e, posteriormente, cumprida na íntegra mediante o pagamento devido. Constituiu, portanto, um precedente obviamente a ter em conta no desenvolvimento do segundo caso.

Ora bem, já depois de tudo o que foi referido, veio a ser agendada data para julgamento do segundo processo, relativo agora ao vendedor que testemunhara anteriormente a favor do seu colega. Uma vez que a situação jurídica anteriormente julgada era – em tudo – equivalente à do processo anterior, a entidade patronal computou qual poderia ser a (provável) condenação neste segundo caso, baseando-se também na média dos valores das comissões auferidas no último ano de serviço. Atento o lapso temporal entretanto decorrido, a importância indemnizatória correspondente era substancialmente maior, já que se peticionaram todos os vencimentos vincendos até à data da condenação e os valores das médias das comissões eram equivalentes. De resto, a posição negocial deste segundo trabalhador era francamente mais sólida, atenta a precedência do caso do seu colega que obteve total ganho de causa.

Aconselhada pelo seu mandatário, no próprio dia do início deste segundo julgamento, a entidade patronal resolveu oferecer uma primeira proposta de indemnização para acordo e pagamento imediato. Decidiu oferecer inicialmente então cerca de 1/4 (um quarto) do valor calculado como sendo o da condenação provável – mas claramente disposta a subir tal oferta na sequência de contrapropostas. Porém, ali mesmo à porta do tribunal, esta primeira oferta foi imediatamente aceite pelo trabalhador, contra todas as expectativas.

O caso do cenário televisivo

Para a produção de um popular programa televisivo, o respectivo produtor celebrou um acordo de permuta com uma empresa fabricante de cenários. Nos termos desta permuta, que não foi sujeita a forma escrita, a empresa forneceu o cenário para as filmagens, em contrapartida da menção expressa da sua firma, quer no rol de agradecimentos finais do programa quer por qualquer outro meio explícito.

Alegando incumprimento deste contrato, a empresa veio a demandar judicialmente o produtor do programa televisivo, reclamando-lhe o pagamento de uma indemnização composta pelos custos de construção do cenário fornecido, por danos emergentes e ainda lucros cessantes. O produtor alegou, no entanto, não ter existido qualquer incumprimento contratual, por ter sempre sido feita uma menção expressa e explícita da firma da empresa fabricante durante todos os programas televisivos, quer no rol de agradecimentos finais, quer ainda, por vezes, durante as emissões do programa e pela voz do célebre apresentador do programa.

As partes mostravam-se totalmente inconciliáveis.

Certo, porém, é que a acção judicial veio a correr termos numa pequena Comarca situada numa extremidade do continente nacional, onde o Tribunal de Círculo se reunia apenas uma vez por semana. E, pelos meios de prova requeridos, tornava-se necessário visionar mais de 80 (oitenta) programas – cada qual com a duração de várias horas – durante as sessões de audiência de julgamento a realizar. Por este motivo, na primeira sessão de julgamento em que se procurou programar os trabalhos, o desespero dos digníssimos magistrados que constituíam o Tribunal de Círculo tornou-se patente. De tal forma que convidaram as partes, insistentemente, a procurarem mais uma vez conciliar-se, sob pena de forçarem todos os intervenientes a um muito penoso exercício, contrário ao interesse público da boa economia na administração da Justiça. De resto, o valor da causa – se bem que várias vezes superior ao da alçada do Tribunal da Relação – não justificava razoavelmente o empenho de tantos recursos jurisdicionais como os necessários para julgar o caso.

Estas razões, somadas às despesas de deslocação de testemunhas, aos custos do patrocínio forense de ambas as partes, e ainda à ponderação do valor económico que cada um dos envolvidos perderia afectando meios técnicos e humanos para o efeito, acabaram por forçar as partes processuais a conciliar-se, mediante os bons ofícios dos seus mandatários.

O caso da marca e da designação social

Uma grande empresa nacional encetou um processo de mudança de imagem. Baseando-se em pesquisas efectuadas pelo seu departamento jurídico junto do Instituto da Propriedade Industrial, logrou obter o registo de uma nova marca – uma determinada marca onde a única expressão linguística era X. A partir desta marca foi concebida uma vultosa campanha de comunicação, tendo sido contratadas figuras públicas de enorme projecção mediática e encomendada uma vasta campanha promocional e publicitária. A dado momento deste percurso, e quando já a campanha estava pronta para surgir aos olhos do público, com o intuito de mudar a própria firma social para a mesma expressão X, o departamento jurídico daquela empresa efectuou pesquisas junto do Registo Nacional de Pessoas Colectivas. Ora, neste momento, verificaram a impossibilidade de realizarem o seu intento, uma vez que existia já uma sociedade comercial por quotas, do mesmo ramo de actividade, precisamente com aquela designação X, embora sem actividade efectiva há cerca de 3 anos.

Esta infeliz circunstância tornou-se numa situação de grave crise interna, no seio da grande empresa em questão. Suficiente até para produzir algum escândalo público, um abalo irreparável na credibilidade de toda a administração e sérias consequências económicas quanto à inutilidade de todas as despesas incorridas e dos encargos já assumidos.

Contactado um dos advogados externos daquela grande empresa, este prontificou-se para, sem delonga e no seu interesse, propor-se à aquisição das quotas da sociedade X, junto dos seus respectivos sócios já identificados. Seria fundamental, todavia, usar de toda a cautela e a maior descrição para que estes sócios da sociedade inactiva nunca se apercebessem da importância que havia inesperadamente assumido a sociedade X. Acresce que, no mundo dos negócios, os sócios desta sociedade X eram tidos por pessoas muito experientes e hábeis na criação de estruturas societárias para rentabilização das suas empresas, sendo certo que no seu passado haviam-se defrontado com a acusação de uma célebre falência fraudulenta.

Os contactos negociais foram realizados no tempo recorde de dois a três dias, tendo havido o cuidado de se justificar a pressa existente na aquisição das quotas com um motivo atendível e comum. Mas, depois de estabelecidas todas as condições do negócio – sendo o preço dado às quotas um valor irrisório que, aliás, foi adiantado pelo próprio advogado atenta a escassez do tempo – e depois de, sem levantar suspeitas, se conseguir agendar a transacção para a tarde de uma dada 2.ª feira, sucedeu o pior dos eventos imaginável. Com efeito, durante o Sábado e o Domingo anteriores foi iniciada a campanha publicitária relativa à marca X registada a favor da grande empresa aludida inicialmente. Ou seja, em grandes *outdoors*, em painéis fixos e nas páginas centrais dos jornais – curiosamente a parte televisiva da campanha surgiu mais tarde – foi anunciada a nova marca X daquela grande empresa, com recurso, como dissemos, à imagem de algumas celebridades nacionais.

Na manhã de 2.ª feira, a administração da grande empresa colocou dúvidas perante o advogado acerca da viabilidade de se concretizar ainda a cessão de quotas nos termos previstos, levantando a hipótese de se abordar novamente os sócios da sociedade X, a fim de lhes ser colocado o assunto com franqueza e com todos os detalhes, e pedir-lhes para serem os próprios a propor um novo preço, que considerassem ajustado.

Todavia, na tarde desse dia realizou-se com êxito a cessão de quotas em causa, nas condições iniciais, tendo o citado advogado passado a ser o titular único das quotas da sociedade X.

Na sequência deste negócio, por sua vez realizou-se nova cessão de quotas da sociedade X a favor da empresa cliente, a qual procedeu mais tarde à dissolução, liquidação e partilha da mesma, a fim de alterar a sua firma social que passou a ostentar em primeiro lugar a expressão X.

O caso da jornalista

Uma dada jornalista que se encontrava ao serviço de uma empresa do sector da comunicação, com antiguidade e reputação já consideráveis, há muito tempo se limitava a produzir uma peça de crítica de artes e espectáculos por edição semanal. Entendiam as chefias que a sua produtividade era reduzida, sobretudo em razão do elevado vencimento auferido, nomeadamente porque a referida jornalista se abstinha de propor à redacção qualquer iniciativa de reportagem, de investigação ou de outra natureza em benefício do conteúdo do meio de comunicação em causa.

Na sequência de um diálogo aberto entre a direcção do meio de comunicação e a jornalista, foi-lhe proposta a revogação do contrato de trabalho por mútuo acordo. A entidade patronal ofereceu o valor X para compensação global respectiva (valor que ultrapassava a medida da indemnização legal de base para a extinção do posto de trabalho), entendendo a jornalista visada que apenas aceitaria tal revogação mediante o pagamento do dobro desse valor X.

A situação laboral descrita e a baixa produtividade mantiveram-se. Com o passar dos anos, a entidade patronal foi conferindo aumentos salariais diferenciados aos seus trabalhadores jornalistas, sendo que não atribuiu qualquer aumento salarial à jornalista em causa. A posição da comissão de trabalhadores da empresa, e mesmo a do respectivo sindicato, era, contudo, a de que: nem a empresa poderia praticar aumentos salariais diferenciados; nem poderia deixar de aumentar o vencimento da jornalista em questão, desde logo porque todos os colaboradores da crítica das artes e espectáculos haviam sido aumentados e por diversas vezes.

A questão evoluiu para um litígio no Tribunal do Trabalho, por via do qual a mesma jornalista reivindicava aumentos retroactivos do seu vencimento, alegando estar a ser discriminada e defendendo a aplicação do princípio laboral: salário igual para trabalho igual. Na tentativa de conciliação, entidade patronal e trabalhadora mantiveram as suas posições iniciais, não existindo disponibilidade da empresa para conferir qualquer aumento salarial, por o considerarem profundamente injustificado.

Porém, com a prolacção da Sentença em 1.ª Instância, que deu ganho de causa à entidade patronal em face dos factos provados, logrou-se a obtenção de um acordo extrajudicial, por via do qual se realizou a revogação do contrato de trabalho por mútuo acordo, mediante o pagamento do valor X para compensação global respectiva. Isto, dez anos volvidos sobre a proposta inicial desse valor X.

O insólito caso do administrador de um Banco

Eis um caso célebre, de acordo com o que nos foi relatado. Há mais de duas décadas atrás, o titular de um alto cargo de uma instituição bancária consultou um distinto causídico da nossa praça. A situação trazida ao escritório do advogado era muito grave e, ao mesmo tempo, especialmente melindrosa, desde logo por se inserir no seio de um sector de actividade onde o sigilo e a descrição são imperativos éticos fundamentais – a banca. Note-se que, ainda hoje, as disputas relativas à actividade bancária – quer referentes à relação jurídica entre as instituições e os seus clientes, quer referentes às relações entre as próprias instituições bancárias, quer ainda as referentes às relações entre as instituições bancárias e os seus funcionários e agentes – são normalmente solucionadas por meio de arbitragem, precisamente para evitar a publicidade inerente à actividade dos tribunais.

O caso não era para menos: aquele titular de alto cargo havia-se apropriado ilicitamente de um valor muito considerável (valor X), pela repetição de fraudulentas e habilidosas apropriações de capitais depositados. Este sujeito pretendia o conselho do seu advogado, no sentido de saber como poderia evitar as consequências óbvias da sua conduta, ou minimizá-las, uma vez que viesse a descobrir-se a terrível história relatada. Nomeadamente, desejava saber se deveria confessar espontaneamente os factos e procurar um acordo, sendo certo, todavia, que não dispunha de meios económicos para repor o valor de que se apropriara ao longo do tempo.

Depois de esclarecer o seu cliente acerca das consequências jurídicas da sua conduta passada e das vias alternativas para a solução do litígio (que se imporia necessariamente), o causídico interrogou o mesmo cliente acerca da possibilidade que este ainda teria, ou não, de repetir mais um desvio de capitais, o que foi respondido afirmativamente. Assim, a conselho do seu mandatário, aquele titular de cargo bancário veio a subtrair ainda o valor Y. A quantia total desviada passou assim a ser X + Y.

Posteriormente, a situação foi relatada em privado aos membros do órgão superior da instituição bancária em causa, e justificada com as causas reais da conduta miserável do referido titular de alto cargo, as quais não relevam para o nosso caso.

Para se estabelecerem as condições de um possível acordo extrajudicial, era necessário todavia que o responsável se dispusesse a restituir o valor subtraído, ou pelo menos parte dele.

Salvaguardando o crédito e o bom nome do próprio Banco em apreço, este aceitou dar o problema como resolvido e renunciar à queixa crime correspondente, mediante a devolução do valor Y, acrescido de pouco mais, acompanhado naturalmente da rescisão voluntária do vínculo laboral existente.

O caso da venda da herdade

Entre os diversos casos que temos acompanhado desta natureza, sobressai em particular o relativo a um prédio rústico de muito considerável dimensão, que se pretendia vender a um conjunto de empresários agrários de nacionalidade espanhola.

Apesar de se ter tratado de uma negociação contratual integrada, distributiva, multifásica e multipartida, tudo teve início num breve momento em que duas partes – a vendedora e a compradora – depois de uma reunião pessoal e de uma visita à herdade em causa, estabeleceram um acordo que para ambos aparentava já ser, ironicamente, um "negócio fechado".

A parte vendedora procurou o advogado, somente para a elaboração de um contrato-promessa, que desse corpo àquele manuscrito de que eram portadores: uma singela folha de papel, onde se dava quitação de um sinal avultado, onde se fixava o valor do hectare, e onde se declarava a vontade recíproca de celebrarem a compra e venda definitiva dali a um par de meses.

Ora – subtraindo ao nosso relato já as inúmeras dificuldades que se verificavam ao nível cadastral e de registo predial que subsistiam por resolver há muitos anos – as partes haviam ignorado que: por um lado, diversas parcelas da herdade encontravam-se arrendadas a uma meia dúzia de rendeiros rurais, com direito a renovação do período inicial da locação; e, por outro lado, existia um compromisso oral com um destes rendeiros para a venda de uma importante parte da herdade.

Todos os envolvidos constituíram advogado e, naturalmente, encetaram-se complexas negociações paralelas tendo em vista a revogação de todos aqueles contratos de arrendamento e a "revogação" do compromisso oral de venda. Perante as dificuldades inúmeras que vieram a surgir, a parte compradora espanhola veio a abordar directamente os rendeiros da herdade, e aceitava já comparticipar na indemnização a pagar a alguns destes, na condição de a parte vendedora descer proporcionalmente o valor do hectare previamente negociado para a compra. De outra parte, subsistiam ainda dúvidas quanto à medição efectiva da área da herdade, havendo levantamentos técnicos diferentes quer da parte vendedora quer da parte compradora.

Assim, chegada a data inicialmente prevista para a escritura de compra e venda, o negócio estava longe de poder realizar-se e nem fora sequer possível chegar a acordo quanto à redacção de um mero contrato promessa.

Desde este momento, a situação tornou-se caótica e conflituosa, tendo os empresários espanhóis tentado tomar posse da herdade com pessoal e máquinas – tentativa debelada pela presença da GNR – alegando ter título contratual suficiente para o efeito. Mais tarde, deram o negócio por prejudicado definitivamente, passando a reivindicar a restituição, em dobro, do avultado sinal pago. Entretanto, os acordos em formação com os rendeiros para a revogação de cada arrendamento, ameaçavam desmoronar-se pelo incumprimento dos prazos previamente estabelecidos para o pagamento das indemnizações devidas.

Tudo veio a solucionar-se, todavia, ainda nesse mesmo ano, mediante a realização da escritura de compra e venda entre as partes compradora e vendedora e a revogação simultânea de todos os arrendamentos rurais, graças à presença de espírito e à lealdade recíproca dos advogados intervenientes, que permitiram encontrar os necessários consensos.

O caso do director-geral

Uma dada sociedade anónima admitiu um novo director-geral, altamente recomendado por uma empresa de recursos humanos, neste caso uma *head hunter*. Naturalmente, foram-lhe proporcionadas condições remuneratórias principescas, ao mesmo passo que se esperavam grandes melhorias nos resultados operacionais da entidade empregadora. Por motivos que não cumpre ora referir, ao cabo de um ano entenderam os accionistas daquela sociedade anónima nomear o mesmo sujeito para o cargo de administrador, por meio da necessária deliberação em assembleia geral.

Porém, pouco mais tempo volvido, a insatisfação acerca da conduta e dos resultados do mesmo era generalizada. Assim foi aquele destituído do cargo de administrador. Sucede, todavia, que nos termos da lei vigente, subsistia o vínculo laboral anteriormente constituído aquando da admissão daquele protagonista para o lugar de director-geral. Daí, o mesmo veio a recorrer ao tribunal do trabalho alegando ter sido despedido sem justa causa e reivindicando a sua reintegração.

Ora bem, na tentativa prévia de conciliação, feita já no gabinete do competente juiz, o director-geral aceitava a revogação do seu contrato de trabalho mediante uma compensação global. Feito o cômputo da importância pretendida, o respectivo valor correspondia a bastante mais do que o cálculo de uma indemnização referida à sua escassa antiguidade. Na troca de propostas e contrapropostas, acabou por não se verificar consenso, tendo a última posição do trabalhador ficado pelo valor Y, e a oferta considerada final da sociedade permanecido no valor $Y - 1$, sendo a diferença realmente ínfima.

A acção judicial veio a correr os seus termos e a prolongar-se no tempo, tendo-se realizado várias sessões de audiência de julgamento. E, importa referir, no momento anterior ao da prolacção da Sentença, um total ganho de causa que viesse a beneficiar o trabalhador poderia produzir uma condenação da sociedade a pagar-lhe um valor superior a $2,2 \times Y$. Isto pela inclusão de todos os vencimentos até então vencidos e não pagos. Porém, nesse mesmo momento, tornou-se imperioso à sociedade chegar a acordo com o referido trabalhador, pois existiam razões objectivas (que nos abstemos de mencionar) para temer um sério impacto negativo sobre uma transacção financeira que estava prestes a ter lugar, caso o assunto se tornasse público.

Para alcançar o acordo, a sociedade anónima ofereceu então sucessivas propostas superiores àquele valor da possível condenação judicial. Todavia, nem assim o trabalhador se dispunha a transigir. Deu-se lugar a uma escalada irracional, mediante a qual veio finalmente a atingir-se um acordo (ainda anterior ao proferimento da Sentença), mediante o pagamento de uma indemnização correspondente a $3,9 \times Y$.

O caso do condomínio de luxo

Entre os casos que temos acompanhado nos últimos anos relativos a vícios de construção em edifícios recentemente construídos, sobressai também, pelo desfecho invulgar, o relativo a um condomínio fechado de alto padrão, com: situação geográfica privilegiada; fracções autónomas com revestimentos e acabamentos luxuosos; lojas de superfície na fachada; e partes comuns do prédio integrando três pisos de estacionamento, piscina com zona social e de apoio, amplas salas de condomínio, etc.

Pouco tempo depois de comercializadas as fracções autónomas e de constituída a primeira assembleia de condóminos, decide o condomínio apresentar uma reclamação formal contra a empresa promotora (proprietária original de todo o prédio e dona de obra respectiva) e contra a empresa construtora (empreiteira-geral da respectiva obra), para reparação e/ou responsabilização por vícios e anomalias verificados nas partes comuns, dentro do prazo de garantia.

Como se vulgarizou no tratamento deste tipo de assuntos – sobretudo quando haja notoriedade da promotora ou da construtora – a resolução do assunto foi encaminhada pelos respectivos mandatários das três partes negociais envolvidas para um processo de Mediação junto de uma consagrada instituição nacional. No acordo de mediação previu-se a suspensão dos prazos de caducidade das denúncias dos defeitos, e uma cláusula compromissória que possibilitava a solução ulterior do diferente por meio de arbitragem, para a hipótese de não se conseguir uma conciliação.

No primeiro momento da mediação, apesar da boa vontade existente entre os mandatários e o ilustre mediador, pareciam as partes inconciliáveis, uma vez que quer a construtora quer a promotora não aceitavam a existência de mais do que um único defeito de construção nas partes comuns do prédio, ao passo que, por outro lado, o condomínio apresentava uma lista de mais de vinte defeitos de construção nas partes comuns, havendo notícia de inúmeras queixas de cada condómino quanto a vícios e/ou anomalias no interior das respectivas fracções.

Porém, conjugando esforços de aproximação, realizando vistoria ao prédio e discutindo trabalhosamente na presença do ilustre mediador e dos legais representantes de cada uma das partes envolvidas, ao cabo de largos meses chegou-se a uma lista de trabalhos de reparação a efectuar: uma parte a efectuar e/ou custear pela promotora; outra parte a efectuar e/ou custear pela construtora; tendo o condomínio abdicado de várias reparações.

Todavia, nas vésperas da assinatura de um acordo final, cuja redacção naturalmente careceu de ser discutida ao pormenor:

– a empresa construtora comunica às demais partes que se apresentou a processo judicial de insolvência, não podendo por isso subscrever a conciliação sem a intervenção do respectivo administrador de insolvência – o que inviabilizava, na prática, a sua participação no acordo;

– e (veio a apurar o condomínio que) a empresa promotora alienara entretanto todo o seu património imobiliário conhecido, tornando-se assim, objectivamente, numa parte negocial sem garantia patrimonial alguma das obrigações que viesse a assumir.

Depois de tentados os últimos recursos para a realização do acordo em causa em sede de mediação, a conciliação veio a frustrar-se, passando o caso a ser discutido na barra dos tribunais.

O caso do hotel algarvio

Numa região onde a exploração de um estabelecimento de hotelaria é tão cobiçada – como entre os concelhos de Lagos e Loulé – um dado hotel de apartamentos de média dimensão, localizado a poucos metros da praia, encontrava-se em pleno funcionamento. Há alguns anos já que, sobre o imóvel respec-

Casos 121

tivo, para além da prestação de serviços de hotelaria ao público em geral, a sociedade proprietária comercializava também direitos reais de habitação periódica (DRHP) sobre 60% (sessenta por cento) das unidades de alojamento de que se compunha.

À época, contudo, esta realidade, conhecida vulgarmente por *time sharing*, começou a ser encarada com grande desconfiança por parte do mercado. Uma das razões de tal desconfiança era a dificuldade em realizar trocas de semanas entre titulares de DRHP em outros empreendimentos também sujeitos ao *time sharing* (ao contrário do que era divulgado na promoção agressiva das suas vendas) e outra ainda a quase impossibilidade de revender o DRHP adquirido, por falta de interessados.

No caso concreto do hotel de apartamentos que referimos, os titulares de DRHP eram em elevado número e mostravam grande insatisfação perante a direcção efectiva do hotel, queixando-se de: má administração dos fundos afectos aos DRHP; má conservação do estabelecimento; deficiência na quase totalidade dos serviços hoteleiros; elevado valor das prestações periódicas cobradas para as despesas de limpeza, conservação e encargos tributários; dificuldade na marcação das suas semanas de férias, por razões atinentes a má organização; entre outras queixas.

Sem razão aparente, a exploração era deficitária. De tal intensidade passou a ser a desordem, que nas assembleias gerais ordinárias de titulares de DRHP não se conseguiam aprovar as contas da exploração, nem os orçamentos, existindo conflitos latentes de natureza vária: a veracidade da contabilidade era questionada; o destino dado às verbas das prestações periódicas era posto em causa; e múltiplas também eram as pessoas que se consideravam burladas.

A dado momento e temendo a não renovação do alvará de exploração por parte da Direcção-Geral do Turismo, aqueles titulares de DRHP constituíram uma comissão com o intuito de promover o processo de destituição da administração do empreendimento e de reunirem as queixas de todos, a fim de se instaurarem diversos processos criminais contra os sócios da sociedade proprietária.

Este contexto conflitual motivou a negociação de uma eventual cessão das quotas da sociedade detentora do hotel, a que os respectivos sócios se viam quase compelidos.

Neste quadro de circunstâncias e atendendo ao passivo da sociedade proprietária, realizou-se um acordo global, mediante o qual os sócios da sociedade proprietária cederam as suas quotas aos titulares de DRHP que lideravam aquela comissão. O valor da cessão de quotas – a qual indirectamente transmitia a propriedade do hotel – foi praticamente irrisório.

Todavia, no espaço de três meses, com o consentimento e o apoio dos demais, estes últimos titulares de DRHP lograram identificar uma sociedade estrangeira e interessada em prosseguir com a exploração do hotel, tendo-lhe então cedido as mesmas quotas sociais por uma importância muito significativa, dezenas de vezes superior ao valor inicial.

O caso da denúncia para exploração directa

Prevê a lei de arrendamento rural que, na eventualidade de os senhorios de um dado prédio rústico efectuarem a denúncia do arrendamento para o termo do prazo inicial com fundamento na vontade expressa de procederem à exploração directa, os respectivos rendeiros não poderão opor-se ao termo do contrato. Nesse caso, constitui-se uma obrigação legal que impende sobre os proprietários, os quais terão de proceder à exploração efectiva do prédio durante um período mínimo de cinco anos. No entanto, caso estes anteriores senhorios não venham a proceder à exploração directa do prédio, terão os anteriores rendeiros a hipótese de serem ressarcidos dos danos emergentes e lucros cessantes relativos aos cinco anos de exploração, para além de serem reinvestidos no arrendamento do mesmo prédio.

Ora bem, num dos casos que acompanhámos, um conjunto alargado de comproprietários efectuou a denúncia de um dado arrendamento rural, fundamentada na sua vontade de procederem à exploração directa do prédio em questão. Este prédio rústico era vasto, integrava centenas de hectares de terra fértil, e as receitas anuais que proporcionava aos anteriores rendeiros eram também de ordem muito considerável.

Uma vez entregue a herdade ao senhorios, livre e devoluta, poucos passaram a ser os sinais evidenciados de uma exploração agrícola. Porém, ao longo dos cinco anos daquele prazo legal, efectivamente alguns dos comproprietários exploraram alguns talhões da herdade, informalmente dividida entre todos.

Importa referir que a lei não impõe que a exploração directa por cinco anos tenha de ser adequada e/ou rentável, nem elucida acerca da possibilidade de se realizar uma exploração directa de apenas uma parte do prédio. E estas são sempre questões que se suscitam neste tipo de casos.

O certo é que, volvidos os cinco anos em causa, deu entrada em tribunal uma acção judicial movida pelos anteriores rendeiros, reclamando não apenas o arrendamento coercivo, mas igualmente uma indemnização vultosa – suficiente para produzir sério revés patrimonial aos comproprietários.

Na fase processual dos articulados, optaram os comproprietários por alegar terem realizado a exploração directa do prédio, sem, contudo, fazerem a junção dos documentos comprovativos, que foram sendo reunidos exaustivamente. Pelo contrário, os rendeiros juntaram aos autos a documentação de que dispunham, a qual, no seu entender, era suficiente para demonstrar a ausência de uma exploração agrícola no período em causa.

Desde o início do litígio judicial que os mandatários envolvidos procuraram as eventuais vias de acordo, tendo-se discutido: desde a compra e venda da herdade; à celebração de um novo arrendamento, ainda que parcial; ao estabelecimento de indemnização por um valor razoável; etc. – mas sempre sem resultados. As partes estavam convictas da sua respectiva posição e a discussão final em Juízo haveria de produzir um certo alarde a nível local, já que se tornaria emblemática para os segmentos da comunidade envolvidos.

Foi neste quadro de circunstâncias que, na precisa véspera do início da audiência de discussão e julgamento, o mandatário dos comproprietários convidou os próprios rendeiros e dois dos seus mandatários para uma reunião de âmbito negocial. Durante esta, foi-lhes proporcionada toda a liberdade para, em privado, analisarem o extenso conjunto de dossiers de documentação por via do qual se deveria comprovar a exploração directa. Isto, em ordem a os Autores da acção ponderarem uma eventual desistência do litígio judicial, mediante a assunção por parte dos Réus das elevadas custas judiciais e de alguns custos incorridos por aqueles com a demanda. O que efectivamente se conseguiu concretizar no dia seguinte, por transacção celebrada no gabinete do respectivo Juiz presidente.

BIBLIOGRAFIA

ASCENSÃO, J. DE OLIVEIRA, *Direito Civil – Teoria Geral,* vols. I, II e III, Coimbra Editora, 2006

ATINENZA, M., *Las Razones del Derecho. Teoria de la Argumentación Juridica,* Centro de Estudios Constitucionales, Madrid, 1991

CARNELUTTI, FRANCESCO, *Metodologia del Diritto,* Padova, 1939 (re-edição de 1990)

CASTANHEIRA NEVES, A., *Metodologia Jurídica, Problemas Fundamentais,* "Stvdia Ivridica", 1, Coimbra Editora, 1993

CASTANHEIRA NEVES, A., *Questão-de-facto, Questão-de-Direito ou o Problema Metodológico da Jurisdicidade,* Almedina, Coimbra, 1967

CORDEIRO, A. MENEZES, *Tratado de Direito Civil Português – Parte Geral,* Tomos I, II e III, Almedina, 2006

COSTA OLIVEIRA, F. DA, *Defesa Criminal Activa (Guia da sua Prática Forense),* Almedina, 2004

COSTA OLIVEIRA, F. DA, *A Defesa e a Investigação do Crime, Guia Prático para a Análise da Investigação e para a Investigação pelos Recursos Próprios da Defesa Criminal,* Almedina, 2004

MUNKMAN, JOHN, *The Technique of Advocacy,* Butterworths, Londres, 1991

VEIGA, MIGUEL, *O Direito nas Curvas da Vida,* Conselho Distrital do Porto da Ordem dos Advogados, 2006

ÍNDICE

1. Justificação do tema 9

2. Noções essenciais e léxico da negociação 17
   Objecto negocial 21
   Parte negocial 22
   Posição e poder negociais 23
   Proposta negocial 24
   Expectativa negocial 25
   Processo e lógica negociais / exigências e concessões 26
   Razoabilidade, credibilidade e lealdade negociais 28
   Postura negocial 29
   Pressão negocial 30
   Margem negocial 31

3. A negociação enquanto objecto do Direito Civil Substantivo (remissão)   33

4. A negociação de contornos jurídicos em especial: tipos de negociação   41
   4.1. Introdução 41
   4.2. Negociação de contratos 46
   4.3. Negociação de litígios 54
   4.4. Formas alternativas de solução de disputas 67

5. Noções de estratégia, técnica e estilo negociais 73
   5.1. Estratégia 73
   5.2. Técnica e estilo 79

6. Passo a passo da negociação na advocacia: lidando com o cliente; lidando com a contraparte 93

7. Matérias finais 99

8. Casos 105